TOEIC® TEST
英熟語
スピード マスター

成重 寿　ビッキー・グラス
Narishige Hisashi　Vicki Glass

Jリサーチ出版

TOEIC is a registered trademark of Educational Testing Service（ETS）.
This publication is not endorsed or approved by ETS．

TOEIC受験者へのメッセージ

　TOEICで英熟語は幅広く使われています。Part 5やPart 6では、設問のターゲットになることがありますし、Part 7やリスニング・セクションでは、英熟語の知識が解答を左右することもあります。

　英熟語はTOEICの攻略にとって必要不可欠の要素です。

　それなら、英熟語をたくさん覚えなければならないと、身構えてしまう人も多いことでしょう。

　もちろん、たくさんの英熟語を身につけるほど英語力が強化されることに間違いありませんが、TOEICに関するかぎり、覚えなければならない英熟語はある程度限定できます。

● 国際ビジネスで使う英熟語がターゲット

　TOEICはどんな試験かというと、国際ビジネス英語の運用力を試す試験です。ネイティブスピーカーの英語力を試す試験ではないのです。ビジネスはグローバルに行われるものですから、そこで使われる英語は、アメリカやイギリスばかりでなく、大陸ヨーロッパやアジア、中東、ラテンアメリカなど、非ネイティブの地域でも通じないと意味がありません。非ネイティブ同士が英語でビジネスを進める機会も非常に多いのが実情です。

　こうした国際ビジネスに即したTOEICでは、ネイティブスピーカーだけにしか通じない言葉は使われない傾向があります。

　例えば、動詞句は星の数ほどあり、動詞句を使いこなすことがネイティブらしさの指標となるとも言われていますが、TOEIC＝国際ビジネスでは、put off（延期する）、come up with（考え出す）、

dispose of（廃棄する）など、よく使われるものは決まっています。つまり、こうした頻出のものから覚えていき、国際ビジネスであまり使わないものはひとまず覚えないというポリシーをとることが、効率学習の最大のポイントとなります。

● 4段階のレベル別に学習できる

　本書では、TOEIC＝国際ビジネスに特徴的な英熟語（動詞句・イディオム）を1,000語句に絞り込み、それを4つのレベル別に収録しました。TOEICビギナーがまず取り組むべきLEVEL 1から、900点以上を目指すLEVEL 4まで、難易度別に配列しています。

　また、この1,000語句の他に、会話表現100フレーズ、ビジネス連語300語句、省略語（acronyms）約50語を掲載しています。

　動詞句・イディオム・会話表現は、すべての例文をCDに収録しているので、用法を耳から学習して、リスニングを強化することが可能です。例文も、ビジネスシーン、ないしはビジネスパーソンの日常生活に対応したものなので、TOEICに慣れるのに役立つでしょう。

　TOEICの準備には、リスニング、リーディング、文法、英単語というように、学習しなければならない項目がいろいろとあります。英熟語については、本書を活用して短時間で効率的にマスターしていただくのが、著者としての最大の願いです。

2009年8月　著者一同

TOEIC TEST 英熟語スピードマスター

CONTENTS

読者へのメッセージ ································ 2
TOEIC英熟語を攻略する5つの戦略 ············· 6
本書の利用法 ·· 12

LEVEL 1　目標 ▶ TOEIC 600点 ········ 15
動詞句：180 ·· 16
イディオム：120 ··································· 52

LEVEL 2　目標 ▶ TOEIC 730点 ········ 75
動詞句：180 ·· 76
イディオム：120 ··································· 110

LEVEL 3　目標 ▶ TOEIC 860点 ········ 135
動詞句：120 ·· 136
イディオム：80 ···································· 160

LEVEL 4　目標 ▶ TOEIC 900点〜 ····· 175
動詞句：120 ·· 176
イディオム：80 ···································· 198

頻出会話表現 100 ·························· 213

ビジネス連語 300 ·························· 237

基本省略語 ·· 254
インデックス ······································ 257

基本動詞コラム			
① have			109
② give	③ get		134
④ take	⑤ make		159
⑥ keep			197

本書の学習法（☛詳細はp.12をご参照ください）

- **レベルに合わせて学習する**
  - 600点目標→LEVEL 1の300語をマスターしましょう。
  - 730点目標→LEVEL 1とLEVEL 2の600語をマスターしましょう。
  - 860点目標→LEVEL 1とLEVEL 2を確認しつつ、LEVEL 3を積み上げましょう。余裕があればLEVEL 4にも目を通しておきましょう。
  - 「頻出会話表現」「ビジネス連語」「基本省略語」は全レベル共通です。

- **全体を通して学習する**
  - 知っている熟語と知らない熟語を確認しながら、知らない熟語を覚えるようにしましょう。知っているものは、チェック欄□をマークしておきましょう。

- **ポイントを絞って学習する**
  - すべての収録語について、TOEICに特徴的な重要語には✪が付けてあります。時間が足りない場合には、✪印の熟語のみを覚えるようにしましょう。

TOEIC英熟語を攻略する 5つの戦略

TOEIC英熟語を攻略する基本は、国際ビジネスに使われるものに重点をおいて覚えることだ。覚えるべき動詞句・イディオムを絞って、時間効率の高い学習で、高スコアを目指そう。

戦略 ❶ 焦点を絞れ、効率学習が基本だ

　TOEICの準備学習において、英熟語ほど悩ましいものはありません。

　リスニング、リーディング、文法・語法など、練習・記憶しなければならないものがいろいろあります。英単語も覚えていく必要があります。ただ、英単語については、動詞や形容詞の頻出のものを覚えたり、ビジネス語の強化を図ったりと、焦点を当てやすいのですが、こと英熟語となると何をどの程度覚えればいいのか見当がつかないのではないでしょうか。

　というわけで、英熟語学習は後回しにされるか、無駄なものをたくさん必死で覚えるかのどちらかになってしまう傾向があります。

　TOEICの英熟語攻略には戦略が大切です。その戦略は何かと言うと、TOEICがどんな試験かを知ればおのずとはっきりとしてきます。

　TOEICはずばり、国際ビジネス英語の運用力を試すテストです。

　「国際」＋「ビジネス」というところにご注目ください。ビジネス英語の試験ではあっても、ネイティブスピーカー向けのビジネス英語を試しているわけではありません。アメリカやイギリス、オーストラリア等だけでなく、非ネイティブ地域でも使えるビジネス英語が主対象となります。

　つまり、使用される英熟語はおのずから限定されるということです。

戦略2 国際ビジネスで使うものから覚えよう

　たとえば、英米では動詞句が日常的によく使われ、動詞句を使いこなすことがネイティブスピーカーらしい話し方とまで言われていますが、国際ビジネス英語の世界では、動詞句は一定程度しか使われません。

　動詞句は非ネイティブには通じにくいからです。ビジネスでは正確な意思伝達は生命線とも言えますから、誤解を引き起こすような非ネイティブがわかりにくい動詞句は使わない傾向にあるのです。

　したがって、put off（延期する）、hand in（提出する）、carry out（実行する）などの基本的なものから押さえていくべきです。また、turn down（［提案などを］却下する）、comply with（［規則などに］従う）、come up with（［アイデアなどを］考え出す）など、ビジネス会話・文書に欠かせない動詞句を身につけておく必要があります。

　動詞句以外の英熟語についても、同様のことが言えます。in charge of（～を担当して）、in terms of（～という観点で）、thanks to（～のおかげで）など、業務でよく使うものから覚えていくのがポイントです。

　国際ビジネス英語について、アメリカで出版されているビジネス書にもこのように明言されています。Avoid idiomatic expressions that may not be understood.（理解されそうにないイディオム表現は使わないこと）。

　裏を返せば、国際的によく使う英熟語を覚えていけばいいということです。

《英熟語のイメージ図》

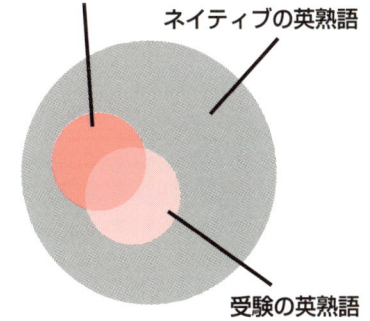

- 国際ビジネスの英熟語
- ネイティブの英熟語
- 受験の英熟語

戦略❸ 730点目標なら、600語句で十分である

さて、どれくらい覚えるかですが、600点を目指すTOEICビギナーの皆さんであれば、300語を覚えておくだけでもTOEICの解答に十分役立つはずです。本書のLEVEL 1（300語）マスターを目指しましょう。

730点くらいを目標とする方なら、600語くらいを身につけておくといいでしょう。LEVEL 1（300語）とLEVEL 2（300語）をターゲットにしましょう。

さらに高得点を目指す場合には、LEVEL 3、そしてLEVEL 4と、積み上げていってください。

ただし学習の効率を重視するなら、覚えすぎはお勧めできません。英熟語の数から言うなら、本書に掲載されているもので、ほぼ十分と言えるからです。

余分なものを覚えるなら、そのエネルギーを別の学習に振り向けたほうがいいでしょう。もちろん、TOEICにこだわらず継続的に英語力を強化していきたいという方はこのかぎりではありません。

《本書の収録熟語数》

章	目標レベル	収録語数	✪印語数
LEVEL 1	600点目標	300	130
LEVEL 2	730点目標	300	125
LEVEL 3	860点目標	200	65
LEVEL 4	900点〜目標	200	35
頻出会話表現	全レベル	100	50
ビジネス連語	全レベル	300	105
基本省略語	全レベル	53	—
合計		1,453	510

戦略 4　例文と一緒に「耳」学習もしっかりと

　英熟語はTOEICのPart 5やPart 6の空所補充問題にもよく登場します。
　その際は、動詞句やイディオムの形と意味さえ知っていれば、十分に解答することができます。
　しかし、英熟語はリスニング・セクションでも幅広く使われるものが数多くあります。もちろん、実際のビジネス会話やビジネス文書にも必須のものがあります。
　ということは、形と意味を知っているだけでは不十分で、用法を押さえたうえで、耳でも理解できるようにしておく必要があります。耳で理解するとは、音声を聞けば瞬時に判別できることを指します。
　本書では、LEVEL 1〜LEVEL 4で紹介する1,000個の動詞句・イディオムの例文、および「頻出会話表現100」の例文はすべて付属CDに収録されています。CDを使ってしっかり耳の訓練をしておきましょう。
　なお、本書の例文は、すべてがビジネスシーンまたはビジネスパーソンの日常生活に関するもので構成されており、TOEICにも直結します。

戦略 5　会話表現・ビジネス連語を知っておこう

　リスニング・セクションでは、会話の常用句がよく使われます。こういった会話表現は知っていると何でもないのですが、知らないと戸惑ってしまい正解を導き損ねることもあります。
　It's up to you.（あなたしだいですよ）、You bet.（もちろんです）、I got it.（わかりました）、So far, so good.（今のところ問題ないです）などです。
　本書では頻出会話表現を100フレーズ収録しました。
　また、ビジネスでは「名詞＋名詞」「形容詞＋名詞」「副詞＋形容詞」

「名詞 and 名詞」など形はさまざまですが、複数語から成る決まりきった言い方があります。interest rate（金利）、wanted ad（求人広告）、ecologically-friendly（環境に優しい）、research and development（研究・開発）などです。

厳密には、英熟語の枠には入りませんが、こういった連語もある程度覚えておくと、TOEICが解きやすくなるでしょう。本書ではこうしたビジネス連語を300語句カバーしています。

ビジネスの世界では、省略語（acronyms）がよく使われます。

CEO (chief executive officer)＝「最高経営責任者」はよく目にする例ですが、他にもISP (Internet Service Provider)＝「プロバイダー」、PIN (personal identification number)＝「（銀行口座などの）暗証番号」、COD (cash on delivery)＝「（宅配便などの）代引き」など重要なものがいくつかあります。

こうした省略語も巻末に約50語まとめておきましたので、軽く目を通しておくといいでしょう。

＊　＊　＊

TOEICの英熟語学習は、戦略的に効率的に行うのがポイントです。短時間で大きな効果が得られるように、よく出るもの（すなわち、国際ビジネスの世界でよく使われるもの）から覚えていくようにしましょう。

効率学習の方針が定まれば、意外なほど短時間で効果があがるはずです。TOEIC英熟語については、実際のビジネスと同じように「費用（＝労力）対効果（＝スコア）」の高い学習をお勧めします。

TOEIC英熟語攻略の5つのポイント

❶ 焦点を絞って、効率的に覚えよう
　TOEIC英熟語の基本戦略は、覚えるべきものを選択すること。頻出の熟語に集中すれば、効率的な学習が期待できる。労力対効果の高い学習を目指そう。

❷ 国際ビジネスで使うものを中心に
　国際ビジネスで使うものに絞って覚えよう。そうすれば、覚える数も限られてくる。アメリカ・イギリスのローカル色の強い英熟語はひとまず覚える必要はない。

❸ ビギナーは300語句、730点目標なら600語句
　TOEIC初級者（実質のスコア400〜500点）で600点を目標とするなら、まず300語句がターゲット。730点目標なら、600語句の攻略を目指そう。

❹ CDを使って「耳」の訓練
　英熟語は用法をしっかり把握しておく必要がある。例文で覚えるのが基本だ。また、リスニング・セクションでも幅広く使われるものがあるので、耳で聞いてわかるようにしておこう。動詞句は速く発音されやすいので、聞き取りの慣れも大切！

❺ ビジネス連語や会話表現もチェック
　ビジネスでよく使う連語や会話の常用表現も知っておきたい。会話表現はリスニング・セクションのPart 2〜4に有効。ビジネス頻出の連語を知っておくと、特にリーディング・セクションで威力を発揮する。

本書の利用法

本書の構成
- TOEICによく出る動詞句・イディオム1,000語句をLEVEL 1〜LEVEL 4の4段階で紹介しています。また、頻出会話表現100フレーズを収録します。これらは例文がすべてCDに収録されています。
- ビジネス連語300は、見出し語がCDに収録されています。

本書の特徴と学習法
- 動詞句・イディオムはレベル別に配列されているので、自分の目標に合わせて学習できます。
- 全体を通して学習したり、ポイントを絞って学習したりすることもできます。

学習法①　レベルに合わせて学習する
- **600点目標（現在のスコアレベル400〜500点くらい）**
  LEVEL 1の300語をマスターしましょう。
  余裕があれば、LEVEL 2の★も見ておきましょう。
- **730点目標（現在のスコアレベル500〜600点くらい）**
  LEVEL 1とLEVEL 2の600語をマスターしましょう。
- **860点目標（現在のスコアレベル600〜730点くらい）**
  LEVEL 1とLEVEL 2を確認しつつ、LEVEL 3を積み上げましょう。
  余裕があればLEVEL 4にも目を通しておきましょう。

- どのレベルも「頻出会話表現」には目を通しておくといいでしょう。
- 「ビジネス連語」、「基本省略語」は、さっと目を通しておくだけでも役立つはずです。

学習法② 全体を通して学習する

- 知っている英熟語と知らない英熟語を確認しながら、知らない熟語を覚えるようにしましょう。知っているものは、チェック欄 □ をマークしておきましょう。
- 上級レベルでも、LEVEL 1やLEVEL 2に知らない英熟語があるものです。

学習法③ ポイントを絞って学習する

- すべての収録語について、TOEICに特徴的な重要語には★が付けてあります。時間が足りない場合には、★印の熟語のみを覚えるようにしましょう。

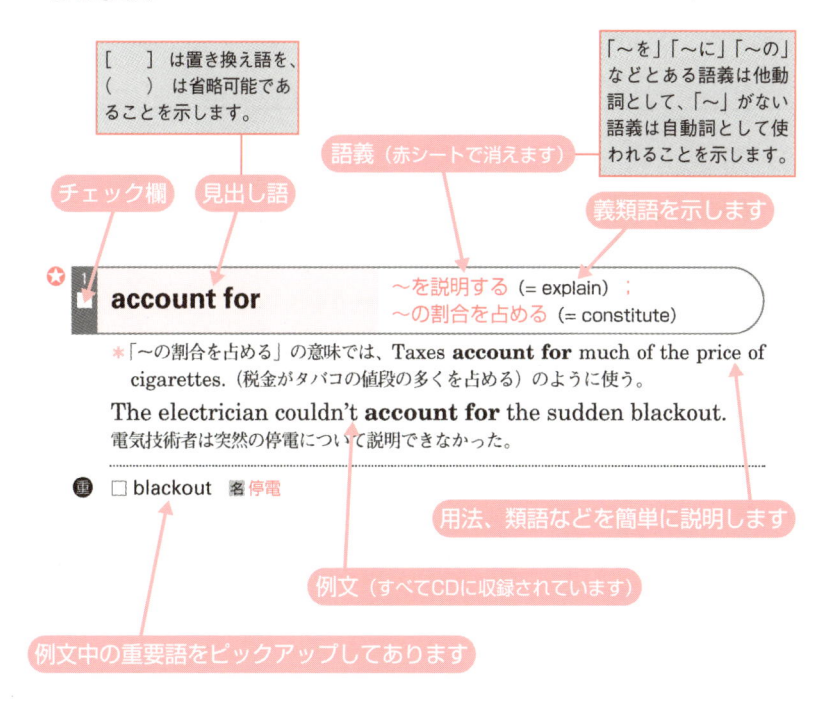

[ ] は置き換え語を、( ) は省略可能であることを示します。

「〜を」「〜に」「〜の」などとある語義は他動詞として、「〜」がない語義は自動詞として使われることを示します。

語義（赤シートで消えます）

チェック欄　見出し語

義類語を示します

★ **account for**　〜を説明する (= explain)
　　　　　　　　　〜の割合を占める (= constitute)

＊「〜の割合を占める」の意味では、Taxes **account for** much of the price of cigarettes.（税金がタバコの値段の多くを占める）のように使う。

The electrician couldn't **account for** the sudden blackout.
電気技術者は突然の停電について説明できなかった。

重 □ blackout　名 停電

用法、類語などを簡単に説明します

例文（すべてCDに収録されています）

例文中の重要語をピックアップしてあります

赤シート

付属の赤シートを当てると語義の赤字が消えます。覚えたかどうかを確認するためにご利用ください。

音声で覚えよう

英熟語は用法が大切です。CDの音声を活用して、例文の中で覚えるようにしましょう。LEVEL 1～4の動詞句・イディオム計1000語句、頻出会話表現100フレーズは、CDに収録されています。

CD-1・Track 2

CDの番号を示します　　トラックの番号を示します

～ 本書で使われている記号・用語 ～

動 動詞　　**形** 形容詞　　**副** 副詞　　**名** 名詞
重 **重要語**（例文中の単語で、TOEICによく出るもの）

- **動詞句** ………… put off、come up withなど本来の動詞句だけでなく、be responsible forなどbe動詞で始まる熟語等も含みます。

- **イディオム** ………… 本書で動詞句に分類されていない、前置詞句、副詞句、名詞句などすべてです。

- **会話表現** ………… 本書では、会話でよく使う定型的なフレーズ、センテンスを指します。

- **ビジネス連語** ……… application form、human resources、research and developmentなど、2語以上で構成される慣用的なビジネス語です。

- **省略語（acronyms）** … CEO (Chief Executive Officer)、ASAP (As Soon As Possible)など、頭文字の組み合わせで表示される常用語です。

LEVEL 1

TOEICビギナー必須の基礎300熟語

目標 ▶ **600**点

動詞句：180 .... p.16
イディオム：120 .... p.52

LEVEL 1　　　　　　　　　動詞句180

CD-1・Track 2

1 ⭐ account for
〜を説明する (= explain)；
〜の割合を占める (= constitute)

* 「〜の割合を占める」の意味では、Taxes **account for** much of the price of cigarettes.（税金がタバコの値段の多くを占める）のように使う。

The electrician couldn't **account for** the sudden blackout.
電気技術者は突然の停電について説明できなかった。

重 □ blackout 名 停電

2 accuse A of B
Bという理由でAを非難する［責める・告訴する］

* **charge A with B** が類義の動詞句。

The authorities **accused** the executive **of** fraud.
当局はその会社幹部を詐欺罪で告訴した。

重 □ (the) authorities 名 当局（この意味では通例複数）　□ fraud 名 詐欺（罪）

3 adapt to
〜に適応する

* **adjust to** が類義の動詞句。

Many new employees find it easy to **adapt to** the workplace.
新入社員の多くはその職場に簡単に適応する。

4 agree to
〜（意見・提案）に同意する

* **agree with**（〜［人］に同意する）、**agree on**（〜について意見の一致を見る）

It took a month to get the client to **agree to** the plan.
クライアントにその計画に同意してもらうのに1カ月かかった。

5 apologize for
〜について謝罪する

* for は謝罪する理由を、to は謝罪する相手を導く。apologize to A for B（Bという理由でAに謝る）

The shipping company **apologized for** the shipment delay.
その船会社は発送の遅れを謝罪した。

- □ shipment 名 発送；荷物

6. apply for　　～に応募する；～に申し込む

＊ **apply to**（～に適用する）

Ms. Rayna decided to **apply for** the secretarial position.
レイナさんはその秘書の仕事に応募することに決めた。

7. approve of　　～を承認する (= accept, endorse)；～に賛成する (= agree with)

We asked the CEO to **approve of** the plan to hire more workers.
私たちはCEOに社員を増員する計画を承認してくれるよう頼んだ。

- □ hire 動 ～を雇用する

8. arrange for　　～の手配をする；～の設定をする

＊ organize が類義語。

My secretary will **arrange for** a meeting with the client at 2:00.
秘書は顧客との会合を2時に設定します。

9. ask A for B　　AにBを依頼する［求める］

Please **ask** the CFO **for** the financial report.
決算書は最高財務責任者にお願いしてください。

- □ financial 形 財務の；金融の

10 ⭐ attribute A to B
Aの原因をBのせいにする；AをBに帰する

* **ascribe A to B** も同様の意味。

He **attributes** his success **to** hard work and knowledge.
彼は自分の成功は勤勉と知識のたまものだとしている。

CD-1・Track 3

11 be about to *do*
今にも〜する

We **are about to** sign the agreement.
我々は契約書にサインするところです。

12 ⭐ be absent from
〜を欠席する；〜を不在にする

Charles **was absent from** class two days in a row.
チャールズは2日続けて授業に欠席した。

- □ in a row　連続して；一列に

13 be accustomed to
〜に慣れている

* **be used to** も同様の意味。to以下は名詞。

Employees in certain countries **are accustomed to** having long vacations.
いくつかの国の会社員は長い休暇をとることに慣れている。

- □ employee　名 被雇用者；従業員

14 be afraid of
〜を心配する；〜を恐れる

A salesperson shouldn't **be afraid of** making cold calls.
販売員は売り込み電話をかけることを恐れてはいけない。

- □ cold call　売り込み電話；飛び込み訪問

15 ⭐ be anxious to *do* ~することを切望する

* 名詞を続けるときはbe anxious forとする。

Mr. McGuiness **is anxious to** get the building project started.
マクギネスさんはその建設プロジェクトを始めるのを心待ちにしている。

16 ⭐ be aware of ~を意識する (= be conscious of);~を知っている (= be familiar with)

We must always **be aware of** changes in the market.
我々は常に市場の変化を意識しなければならない。

17 be based on ~に基づく

The figures **are based on** our research.
これら数字は私たちの調査に基づくものです。

重 □ research 名 研究;調査

18 be capable of ~できる

* **be incapable of**(~できない)

John **is** very **capable of** making a sale.
ジョンは販売の能力が非常に高い。

19 be certain of ~を確信している;~に自信を持つ

We should **be certain of** the quality of the product before we sell it.
私たちは販売する前に製品の品質に自信を持つべきである。

20 be concerned about ~について心配している;~を気遣っている

The boss **is concerned about** the employee who injured himself on the job.
上司は仕事中にけがをした社員のことを心配している。

CD-1 · Track 4

21 be dependent on　　〜に依存している

* **be independent of**（〜から独立している）

Countries shouldn't **be dependent on** foreign oil.
国家は海外の石油に依存するべきではない。

22 be eager to *do*　　熱心に〜する；しきりに〜したがる

The two companies **were eager to do** business together.
両社は一緒にビジネスをするのに熱心だった。

23 be encouraged to *do*　　〜するよう奨励される；勧められて〜する

* 動詞encourageは「励ます；奨励する」の意。

Our factory workers **are encouraged to** take frequent breaks.
当社の工場労働者は頻繁に休憩をとるよう勧められている。

□ break　名 休憩

24 be engaged in　　〜に従事している；〜に携わっている

* **be engaged to**（〜と婚約している）

James seems to always **be engaged in** legal matters.
ジェームズはいつも法律案件に携わっているようだ。

25 be entitled to　　〜の［〜する］権利がある

* toの後ろは名詞・動詞の両方が可能。**be eligible for**（＋名詞）が同様の意味。

I'm **entitled to** a tax refund this year.
今年、私は税金の還付を受ける権利がある。

□ refund　名 返金

26. be equal to　　〜に相当する；〜に匹敵する

Our offer must at least **be equal to** our competitor's.
私たちのオファーは少なくとも競合会社に匹敵するものでなければならない。

- □ competitor　名 競争相手；競合他社

27. be expected to *do*　　〜することが期待される；〜するはずだ

We **are expected to** arrive to work no later than 10:00 every day.
私たちは毎日10時までに出社することが求められている。

28. be familiar with　　〜をよく知っている；〜に精通している

＊＜人 be familiar with モノ＞の形。モノが主語なら、＜モノ be familiar to 人＞の形をとる。

I'm not **familiar with** this new software.
私はこの新しいソフトのことをあまり知らない。

29. be famous for　　〜で有名である

＊**be well-known for**が同様の意味。反意語は**be infamous [notorious] for**（〜で評判が悪い）

That restaurant **is famous for** its chef.
そのレストランはシェフで有名だ。

30. be fed up with　　〜にうんざりして；〜にあきあきして

＊**be tired of**や**be weary of**が同様の意味。

Consumers **are fed up with** gas prices these days.
消費者は最近のガソリン価格にうんざりしている。

CD-1・Track 5

31 be followed by　　続いて〜がある

Today's presentation will **be followed by** a demonstration.
今日のプレゼンの後にはデモがあります。

⭐ 32 be forced to *do*　　〜をせざるをえない (= be compelled to *do*)；〜することを強いられる

＊動詞forceは「強いる」の意。

The firm **was forced to** close its doors.
その会社は事業をやめざるをえなかった。

33 be good at　　〜が得意である

Karen **is** always **good at** negotiating deals.
カレンはいつも取引の交渉を上手に行う。

重 □ deal 名 取引

34 be independent of　　〜から独立している

That company **is independent of** our operations.
その会社は当社の事業運営からは独立している。

重 □ operation 名 運営；操業

35 be late for　　〜に遅れる

＊**be in time for**（〜に間に合う）

Ben **was late for** the meeting by 20 minutes.
ベンは会議に20分遅刻した。

⭐ 36 be located on [in]　　〜に位置する

＊locateは他動詞の場合、「置く；設置する」の意。

The banquet hall **is located on** the 10th floor of the hotel.
宴会ホールはホテルの10階にあります。

□ banquet 名 宴会；晩餐会

37 be made from [of]　～からできている

＊ 元の材質が変わらない場合はof、変わる場合はfromを使う。

Our products **are made from** all-natural ingredients.
当社の製品は純天然素材から作られています。

□ ingredient 名 材料；素材

38 be obliged to *do*　～する義務がある；しかたなく～する

＊ 動詞obligeは「義務を負わせる；強制する；感謝させる」の意。その名詞の obligation（義務；責務；感謝）も重要。

We **were obliged to** visit our biggest client at his office.
私たちは最大口顧客の事務所を訪ねなければならなかった。

39 be proficient in　～に習熟した (= be adept at)

José **is proficient in** three languages.
ホセは3つの言語に熟達している。

40 be responsible for　～に責任がある

＊ **take responsibility for**（～の責任を負う）

Mr. Krasner **is responsible for** maintenance operations.
クラスナーさんは保守管理業務を担当している。

CD-1 · Track 6

41 ⭐ be short of　　～が不足している

* **run short of**（～がなくなる）

We **are short of** office supplies and need to place a new order.
私たちは事務用品が不足しているので、新たに注文する必要がある。

- office supplies　事務用品

42 be similar to　　～と似ている

Our new model **is similar to** the old one in price.
当社の新モデルは価格面では旧モデルと同様です。

43 ⭐ be subject to　　～の影響を受けやすい (= be susceptible to)；～を条件とする (= be dependent on)

The terms of this contract **are subject to** change.
この契約書の条項は変更されることがある。

- terms　名（契約などの）条項；条件

44 be superior to　　～より優れている

* **be inferior to**（～より劣っている）

My new computer **is superior to** my old one in design.
私の新しいコンピュータは前のものよりデザインが優れている。

45 ⭐ be supposed to *do*　　～することになっている；～するはずだ

The last person out the door **is supposed to** turn off the lights.
最後に帰社する人が電気を消すことになっている。

46 be sure to *do*
きっと〜する；〜すると確信する

Be sure to visit our office whenever you're in town.
お近くにいらっしゃったら、ぜひ当社をお訪ねください。

47 be used to
〜することに慣れている

＊ **be accustomed to** も同意。to の後は名詞（相当句）。

I'm not **used to** working overtime so I'm tired every day.
私は残業することに慣れていないので、毎日疲れている。

48 be willing to *do*
進んで〜する

The candidate for the position should **be willing to** work some evenings.
このポストの候補者はある程度夜勤をする必要がある。

- □ candidate 名 候補者

49 belong to
〜に属する

The CEO **belongs to** several charitable organizations.
CEOはいくつかの慈善団体に加入している。

- □ charitable 形 慈善の；寛大な

50 blame A for B
Bという理由でAを非難する；
Bの責任をAに負わせる

The boss **blamed** the systems engineer **for** the computer crash.
社長はコンピュータが落ちたとしてそのシステムエンジニアを責めた。

- □ crash 名 クラッシュ；崩壊；（車などの）衝突

LEVEL 1 動詞句 180

CD-1・Track 7

51 break even — 損益分岐点に達する；収支が合う

* 「収支とんとんになる」という意味のビジネスの重要動詞句。break-even point で「損益分岐点」。in the black（黒字で）、in the red（赤字で）。

We need a few more sales to **break even** this week.
今週の収支を合わせるには、あと数件の売り上げが必要です。

52 call for — ～を要求する；～を呼び求める

The government **called for** a reduction in spending.
政府は歳出の削減を求めた。

重 □ spending 名 支出

53 calm down — ～（気持ち）を落ち着ける・落ち着く；～を静める・静まる

The police tried to **calm down** the angry crowd.
警察は怒った群衆を落ち着かせようとした。

54 cannot help but *do* — ～せざるをえない

* **cannot help** *doing* も同様の意味。この場合のhelpは「避ける；～せずにいる」の意。

I **couldn't help but** take an interest in the presentation.
私はそのプレゼンに関心を持たざるをえなかった。

55 care for — ～を好む (= love)；～が欲しい (= want)；～の世話をする (= look after)

We need to hire more nurses to **care for** the elderly patients.
私たちは、年配の患者の面倒をみる看護師をもっと採用する必要がある。

重 □ elderly 形 年配の　　□ patient 名 患者

56 carry out
実行する (= accomplish)

It took us a month to **carry out** the task.
その仕事を終えるのに私たちは1カ月を要した。

57 catch up with
〜に追いつく；〜に久しぶりに会う

I went back to my hometown to **catch up with** old friends.
私は故郷の町に帰って、旧友に久しぶりに会った。

58 change one's mind
考えが変わる

Give me a call if you **change your mind** and need my help.
考えが変わって私の助けが必要になったら電話をください。

59 check out
支払いをする；
(ホテルを) チェックアウトする

* checkout (支払い) という名詞形でもよく使う。

I found everything I need and am ready to **check out**.
必要なものは全部見つけたので、支払いができます。

60 cheer up
〜を元気づける・元気になる；
〜を励ます

After the holidays, we had a party to **cheer up** the staff.
休暇の後、私たちはスタッフを激励するパーティーを開いた。

CD-1・Track 8

61 come up with
〜を考えつく (= think up)；
〜を提案する (= propose)

It took Larry a week to **come up with** the idea for the new ad campaign.
ラリーは新しい広告キャンペーンのアイデアを思いつくのに1週間かかった。

LEVEL 1 動詞句 180

62 comply with　　〜を遵守する；〜に準拠する

* **abide by**が類義の動詞句。名詞のcompliance（遵守；コンプライアンス）も覚えておきたい。

Our machines **comply with** all safety regulations.
当社の機械はすべての安全規則を遵守しています。

□ regulation　名 規則

63 concentrate on　　〜に集中する；〜に専念する

* **focus on**が類義の動詞句。

I quit my part-time job to **concentrate on** my studies.
私は勉強に集中するためにパートの仕事をやめた。

64 confuse A with B　　AをBと混同する

* 形容詞のconfused（混乱した）、confusing（混乱させる）、名詞のconfusion（混同；混乱）も頻出語。

People often **confuse** Richard **with** his twin brother.
人々はよくリチャードを双子の兄弟と間違える。

65 consist of　　〜から成り立つ；〜から構成される

* **consist in**（[重要なものが] 〜にある）

We make sure our cosmetics **consist of** the finest ingredients.
当社の化粧品が最高品質の原料でつくられていることを保証します。

□ cosmetics　名 化粧品

66 consult with　　〜と相談する；〜に助言を求める

* **check with**も同様の意味で使える。consultの名詞形はconsultation（相談；助言）。

The firm **consulted with** a lawyer before negotiating the contract.
その会社は契約の交渉をする前に弁護士に相談した。

67 contribute to　　〜に貢献する；〜の原因となる

＊ 名詞のcontribution（貢献；寄付）は頻出語。

CO_2 and other gases **contribute to** global warming.
二酸化炭素などのガスが地球温暖化の原因になる。

- □ global warming　地球温暖化

68 convince A of B　　AにBを納得させる［確信させる］

＊ convince A to *do*（Aに納得させて〜させる）、convince A that 〜（Aに〜ということを納得させる）

We need to **convince** the client **of** our good intentions.
私たちは顧客に私たちの善意を納得してもらう必要がある。

- □ intention　名 意志；意図

69 cooperate with　　〜と協力する

＊ **collaborate with**（〜と協力して働く）。名詞のcooperation（協力）は頻出語。

Please **cooperate with** the building inspector when he comes by today.
今日、ビルの検査官が立ち寄るときには、協力をしてください。

- □ inspector　名 検査官；視察官

70 cope with　　〜に対処する（= handle）；〜を切り抜ける（= get through）

We hired more staff to **cope with** the crowds during the holiday season.
私たちはクリスマスシーズンの大人数の来客に対応するためスタッフを増員した。

- □ holiday season　（クリスマスの）休暇シーズン

CD-1・Track 9

71 ⭐ deal with
〜を処理する（= cope with）；
〜と付き合う（= have relations with）

＊ **deal in**（〜を販売する）

We have been **dealing with** the same supplier for ten years.
私たちは同じサプライヤーと10年間取引をしている。

- □ supplier 名 納入業者；サプライヤー

72 differ from
〜と異なる

There are many ways our products **differ from** our competitor's products.
当社の製品が競合会社の製品と異なる点は数多くある。

73 ⭐ dispose of
〜（ゴミなど）を廃棄する（= throw away）；
〜（資産など）を処分する（= part with）

Please **dispose of** waste properly.
ゴミは適切に廃棄してください。

- □ waste 名 ゴミ；廃棄物

74 distinguish A from B
AをBと識別する

It's very hard to **distinguish** Bill **from** Adam as they look very much alike.
二人ともよく似ているので、ビルとアダムを見分けるのはとても難しい。

75 dress up
正装をする；ドレスアップする；
仮装をする

＊ **dress down**（いつもよりカジュアルな服装をする）

We were told to **dress up** for the company's anniversary party.
私たちは会社の創立記念パーティーには正装をするようにと言われた。

- □ anniversary 名（創立）記念日

76 drop in on [at]　　～に立ち寄る；～をふいに訪問する

＊人を訪ねるときはon、場所を訪ねるときはatを使う。

Mr. Rivers said he will **drop in on** you at 3:00 today.
リバーズさんは今日3時にそちらに立ち寄ると言っていました。

77 drop off　　（乗り物から）～（人）を降ろす；～（品物など）を納入する；少なくなる

＊「（車で）人を拾う」は**pick up**を使う。

Could you **drop** me **off** at 34th street?
34丁目で降ろしてもらえますか。

78 eat out　　外食をする

＊**dine out**も同様の意味。**eat in**（家で［店で］食事をする）

Let's **eat out** for lunch today.
今日の昼食は外でとりましょう。

79 fall asleep　　ぐっすり眠る

Mr. Seibert works long hours and tends to **fall asleep** at his desk.
セイバートさんは長時間働き、よく自分のデスクで眠ってしまいがちだ。

□ tend to *do*　～する傾向がある

80 feel at home　　くつろぐ；慣れている

＊**be at home with**（～に精通している）

At our hotel, we do our best to make guests **feel at home**.
当ホテルでは、お客様がくつろげるようベストを尽くしております。

CD-1・Track 10

81 feel free to *do* 　　自由に〜する；気楽に〜する

Feel free to call any time if you have a question.
質問があるときには、いつでも遠慮なく電話してください。

82 feel like *doing* 　　〜したい気がする

I **feel like** going to that new restaurant for dinner tonight.
今夜はあの新しいレストランに食事に行きたいですね。

83 fill out [in] 　　〜（申請書など）に記入する

* **fill in**も同様の意味で使う。Please **fill in** the form before you see the doctor.（先生に診てもらう前にこの書式にご記入ください）

You must **fill out** an application form to apply for a job here.
弊社の仕事に応募するには、応募書類に記入しなければなりません。

84 focus on 　　〜に集中する；〜に専心する

* **concentrate on**が類義の動詞句。

Ms. Clayton quit her job to **focus on** her family responsibilities.
クレイトンさんは家事に専念するため仕事を辞めた。

□ quit　動（仕事を）辞める；（習慣などを）やめる

85 forget to *do* 　　〜することを忘れる

* not forget to *do*（忘れずに〜する）という否定形でよく使う。

I can't **forget to** pay the overdue bills today.
今日は納付期限の過ぎた請求書の支払いを忘れずにしなければならない。

□ overdue　形 期限が過ぎた

86 get back to —　〜に返事をする；〜に折り返し電話する

I'll tell Mr. Bilton you called and he'll **get back to** you.
ビルトンにはお客様から電話があったことを伝えて、折り返し電話させます。

87 get lost —　道に迷う；自分を見失う

Even though I had a map, I managed to **get lost**.
地図を持っていたけれども、私は道に迷ってしまった。

88 get married to —　〜と結婚する

* **get divorced from**（〜と離婚する）

George **got married to** his coworker, Anne.
ジョージは職場の同僚のアンと結婚した。

89 get off —　〜（乗り物）から降りる

Which bus stop should I **get off** at?
私はどのバス停で降りたらいいですか。

90 get on —　〜（乗り物）に乗る

I **got on** the bus at the corner of 24th Street and Elm Street.
私は24丁目とエルム通りの角でバスに乗りました。

CD-1・Track 11

91 get rid of —　〜を取り除く（= eliminate）；〜を撃退する（= destroy）

* ridは動詞としても使う。rid A of B（AのBを取り除く；AからBを取り除く）。

It took Larry weeks to **get rid of** his cold.
風邪が治るのにラリーは何週間もかかった。

92 get to　〜に到着する (= reach)

＊ get to be で「〜になる」。

What's the fastest way to **get to** the convention center?
コンベンションセンターに行くのに一番早い道はどれですか。

□ convention　名 会議；集会

93 give up on　〜をあきらめる；〜に見切りを付ける

＊ **give up** だけで「〜をあきらめる；〜を放棄する；〜をやめる」の意。

We had to **give up on** the idea of remodeling our home because we didn't have the budget.
予算がなかったので、私たちは家を改装するという考えをあきらめなければならなかった。

□ remodel　動 〜を改装する

94 go ahead　進む (= proceed)

＊ with を伴って、go ahead with（〜を進める）と表現できる。The client told us to **go ahead with** the work.（顧客は私たちにその仕事を進めるように言った）

I'm too busy to go to the concert today so **go ahead** without me.
今日は忙しくてコンサートに行けませんから、私は無視してください。

95 go over　〜をよく調べる (= investigate)；〜を見直す (= review)；〜を越える

John was asked to **go over** the plan before we start the work.
ジョンは、私たちがその仕事を始める前に計画を見直すよう求められた。

96 graduate from　〜を卒業する

＊ graduate はふつう自動詞として使う（稀に他動詞として使うこともある）。名詞としては「大学卒業生；大学院生」の意。

My daughter will **graduate from** college next month.

私の娘は来月、大学を卒業します。

97 grow up　　　成長する；大人になる

＊ grown-upで「成人」「成人した」。

I visited the city I **grew up** in.
私は自分が育った街を訪ねた。

98 had better *do*　　　〜したほうがいい

＊ 人に忠告をするときによく使う。had better not *do*（〜しないほうがいい）。

Miles **had better** have a good reason for being late to the meeting.
マイルズは会議に遅れるそれなりの理由を用意しておいたほうがいい。

⭐ 99 hand in　　　〜を提出する（= submit）；〜を手渡す（= deliver）

Please **hand in** your report by Monday.
あなたの報告書を月曜までに提出してください。

⭐ 100 hand out　　　〜を配る（= distribute）；〜を分け与える（= allocate）

＊ 名詞のhandoutは会議などに使う「配布資料；印刷物」の意で、ビジネスの常用語。pass outは「(無料の試供品などを) 配る」。

I will **hand out** your assignments at the end of the day.
私は今日の終わりに皆さんの仕事を割り振ります。

- assignment　名 業務；割り当てられた仕事

CD-1・Track 12

101 hang on to　　〜につかまる (= hold on to)

* hang onで「電話を切らずに待つ；頑張り続ける」。Please **hang on** and an operator will answer shortly. (そのまま切らずにお待ちください、オペレーターがすぐに応対いたします)

I'll **hang on to** my stock portfolio despite the bad economy.
不況ではあるが、私は自分の株式のポートフォリオをそのままにするつもりだ。

□ shortly　副 すぐに

102 hang up　　〜（電話）を切る；〜を中断する

Please **hang up** the phone and try your call again.
電話をいったん切って、もう一度おかけ直しください。

103 have no idea　　わからない；考えつかない

* 後ろにわからない対象を続ける場合はaboutなどの前置詞を置くが、how to doやwhatなどの疑問詞はそのまま続けることができる。

I **have no idea** what we will discuss at the seminar.
私たちがそのセミナーで何を話し合うか、私はわからない。

104 have nothing to do with　　〜と関係がない

* **have something to do with**（〜と関係がある）

Our firm **has nothing to do with** the city's restructuring plan.
私たちの会社は市の再編計画との関係はない。

□ restructure　動 〜を再編する；〜を建て直す

105 have yet to *do*　　まだ〜していない

Mr. Reardon **has yet to** approve the proposal.
リアドンさんはまだその提案を承認していない。

□ approve 動 承認する；賛成する

106 hear from　～から連絡［手紙・電話など］がある

It was nice to **hear from** my old colleague after all these years.
これほど長い年月が経って、古い同僚から連絡があるなんてすばらしいことだった。

□ colleague 名 (職場などの) 同僚

107 help yourself to　～を自由に取る

＊ 人に食べ物や飲み物などを勧めるときの決まり文句としてよく使う。

Help yourself to another piece of cake.
ケーキをもう1ついかがですか。

108 hesitate to *do*　～することをためらう；～することを遠慮する

＊ notを伴い、＜not hesitate to *do*＞（遠慮なく～してください）の形でメールや会話でよく使う。形容詞を使ったbe hesitant to *do*も同様の意味。

If you have any questions, please don't **hesitate to** ask.
質問がありましたら、遠慮なくお尋ねください。

109 hold on　電話を切らずに待つ；持続する

Hold on and I'll see if Ms. Watkins is available to speak with you.
このままお待ちください。ワトキンズさんが出られるかどうか確かめます。

110 hold the line　電話を切らずに待つ

Please **hold the line** and I'll connect you to Mr. Chu's office.
このままでお待ちください。チューさんの部屋におつなぎします。

□ connect A to B　AをBにつなぐ・取り次ぐ

LEVEL 1 動詞句 180

CD-1・Track 13

111 hurry up 　　急ぐ

Hurry up or we'll be late for the dinner party.
急がないと、ディナーパーティーに遅れるよ。

112 insist on [upon] 　　〜を主張する

Lisa **insisted on** paying the bill.
リサは、勘定は任せてと主張した。

113 keep 〜 in mind 　　〜に留意する；〜を覚えておく

We'll **keep** you **in mind** for any future position.
我々は、今後の欠員についてはあなたを留意しましょう。

★ 114 keep up with 　　〜に遅れずついていく；〜と交際を続ける

＊ **catch up with**（〜に追いつく）

Mary is a speedy worker so no one can **keep up with** her.
メアリーは仕事が速く、だれも彼女についていけない。

★ 115 lay off 　　〜を解雇する

＊ 最近では、一時的（復職の可能性のある）ではなく、単に解雇の意味でよく使う。「解雇する」には他に、fire、dismiss、sack、let goなどの言い方がある。

The downturn in the economy forced many plants to **lay off** workers.
経済の失速により、多くの工場が従業員を解雇せざるをえなくなった。

□ downturn 名 下降；沈滞

116 lean against 　　〜にもたれかかる；〜に立てかける

＊ **lean over**（〜から身を乗り出す）

Please don't **lean against** the railing.
手すりにもたれかからないでください。

□ railing 名 手すり；ガードレール

117. leave for 〜に向かって出発する

We'll **leave for** London on Thursday.
私たちは木曜日にロンドンに向けて出発します。

118. let A know B AにBを知らせる

Let my secretary **know** when it's convenient for you to meet.
お会いするのにご都合のいい日程を私の秘書にお知らせください。

119. look after 〜の世話をする

＊ **take care of** と同様の意味。

I asked the neighbor to **look after** my plants while I'm away.
私は隣人に、不在のあいだ植物のめんどうをみてくれるよう頼んだ。

□ plant 名 植物；工場

120. look forward to 〜を楽しみに待つ

＊ to の後は必ず名詞。動詞を続けたい場合には動名詞にする。

We **look forward to** hearing from you at your earliest convenience.
ご都合がつき次第、ご連絡をお願いいたします。

CD-1 · Track 14

121 look like
〜に似ている；〜の外観をしている；〜しそうだ

＊節を続けることもできる。It **looks like** it will rain today.（今日は雨が降りそうだ）

What do the latest sales figures **look like**?
最新の売上数字はどんなものですか。

- □ latest　形 最新の

122 ★ look up
〜を調べる；〜を見上げる；上向く

＊景気などが「上向く；好転する」の意でもよく使う。Things are **looking up** for our company.（我が社にとって状況はよくなってきている）

Please **look up** the proper address on the Internet.
インターネットで正しい住所を調べてください。

- □ proper　形 適当な；正しい

123 ★ major in
（大学などで）〜を専攻する

What did you **major in** when you went to college?
大学に通っていたときは何を専攻していましたか。

124 make a living
生計を立てる；暮らす

It's tougher to **make a living** these days.
近年、生計を立てていくのがますます困難になっている。

125 make efforts
努力する；取り組む

We must **make efforts** to educate the staff about safety.
私たちは安全についてのスタッフ教育に取り組まなければならない。

126 ★ make it
成功する；やり遂げる；間に合う；(病気から) 回復する

＊「うまくいく」という意味で、いろいろな局面で使う。

There was a traffic jam so I didn't think I'd **make it** today.
今日は交通渋滞に巻き込まれたので、間に合わないだろうと思った。

- □ traffic jam　交通渋滞

127 make out
〜を理解する (= understand)；〜を申し立てる (= allege)

The font is too small on this document so I can't **make out** what it says.
この書類の書体はとても小さいので、何が書いてあるかわからない。

128 make sense
意味をなす；当然である

The words on this letter are jumbled and don't **make sense**.
この手紙の言葉は混乱していて、意味をなさない。

- □ jumbled　形 混乱した

129 make sure
〜を確かめる (= confirm, ensure)

Always **make sure** you clean up the employee lounge after using it.
社員休憩室を使用した後は、必ず掃除しておいてください。

- □ employee lounge　社員休憩室

130 ★ make up for
〜を埋め合わせる

＊ **compensate for** が同意の動詞句。

It'll take a while to **make up for** last year's losses.
去年の損失を埋め合わせるにはしばらく時間がかかるだろう。

LEVEL 1 動詞句 180

CD-1・Track 15

131　make up one's mind　　決意する（= decide）

The CEO can't **make up his mind** about the merger.
CEOはその合併について決断することができない。

- □ merger　名（企業の）合併

132　manage to *do*　　何とか〜する

＊特に難しい目的を達成する、という局面で使う。

I worked night and day and **managed to** make the deadline.
私は昼夜働いて、どうにか締め切りを守ることができた。

- □ deadline　名 締め切り；納期

133　may as well *do*　　〜したほうがいい；〜してもいい

There's no more work to do today so you **may as well** go home.
今日はもうすべき仕事がないので、帰宅してもいいですよ。

134　may well *do*　　〜するのも当然［もっとも］だ；たぶん〜だろう

Ms. Karstan **may well** agree to our terms and sign the contract.
カースタンさんはおそらく、こちら側の条件に同意して、契約書にサインするだろう。

135　notify A of B　　AにBを知らせる［通知する］

＊**inform A of B**も同意の動詞句。

You must **notify** the landlord **of** any changes to the apartment.
アパートの改装はどんなものでも家主に知らせなければならない。

- □ landlord　名 家主；大家

136 ⭐ order from
〜に注文する

＊ 前置詞fromを使うことに注意。Part 5に出る可能性あり。

We will continue to **order from** our usual supplier.
私たちはいつものサプライヤーに注文を続けるだろう。

137 ⭐ owe A to B
AをBに負っている；
A（お金など）をBに借りている

We **owe** our prosperity **to** our CEO's professionalism.
当社の繁栄はCEOのプロに徹した仕事ぶりのおかげだ。

重 □ prosperity 名 繁栄

138 participate in
〜に参加する

＊ **take part in**も同様の意味で使う。

Please let the HR director know if you plan to **participate in** the training session.
その研修への参加を希望する場合は、人事部長に知らせてください。

重 □ HR (human resources) 名 人事部；人材　□ training session 研修

139 pay attention to
〜に注意を払う

Please **pay attention to** details when doing the work.
その仕事をするときには細かいところに注意してください。

140 ⭐ pay off
報われる・もとがとれる；〜を完済する

＊ ローンなどを「完済する」という意味でもよく使う。**pay off** a mortgage（不動産ローンを完済する）

Our hard work is beginning to **pay off**.
ハードワークが報われ始めている。

LEVEL 1 動詞句180

CD-1・Track 16

141 pick up
よくなる (= improve)；
（人を）〜（乗り物）に乗せる

＊「車で人を迎えに行く」という場合にも使う。

The company's performance is quickly **picking up**.
その会社の業績は急速に上向いている。

重 □ performance 名 業績；成績；性能

142 play a part in
〜に役立つ；〜に寄与する

The sales of our newest model **played a part in** our success.
最新モデルの売れ行きのおかげで当社は好業績をあげた。

143 point out
〜を指摘する (= indicate)；
〜を示す (= show)

Ms. Gale **pointed out** the need to restructure our business during her presentation.
ゲイルさんはプレゼンで、当社の事業を再編する必要性を指摘した。

144 prefer A to B
BよりAを好む

Most consumers **prefer** quality **to** quantity.
消費者の多くは量より質を優先する。

重 □ consumer 名 消費者

145 prevent 〜 from ...
〜が…するのを阻む

Make sure you install good software to **prevent** your computer **from** getting viruses.
コンピュータがウイルスに感染するのを防ぐ、いいソフトをインストールしてください。

重 □ install 動 〜をインストールする；〜を設置する

146 prove to *be*　　　〜であることがわかる (= turn out to *be*)

Antonio has worked for the firm for many years and has **proven to be** a hard worker.
アントニオは長年その会社で働き、ハードワーカーであることがわかった。

147 provide A with B　　　AにBを提供する［供給する］

* provide B for Aで、同様の意味を表せる。

Paul Schmidt **provided** the marketing manager **with** the survey data.
ポール・シュミットはマーケティング課長に調査データを渡した。

重 □ survey　名 調査；概観

148 put off　　　〜を延期する (= postpone) ；〜（衣服）を脱ぐ

* rescheduleやshelveも「延期する」の意味で使える。

The crew **put off** pouring the concrete for the foundation due to the storm.
労働者たちは嵐のため、基礎にコンクリートを流し込む作業を延期した。

重 □ pour　動 〜を注ぐ；〜を流し込む

149 put on　　　〜（衣服）を身につける

* 「身につける」動作を表す。「身につけている」状態にはwearを使う。

Mr. Chen forgot to **put on** a tie before leaving his house.
チェンさんはネクタイをつけるのを忘れて、家を出た。

150 put up with　　　〜に我慢する・耐える

* bear、endure、tolerateなどが類語。

Jake was behind schedule and had to **put up with** working long hours.
ジェイクは仕事が遅れていたので、長時間労働に甘んじなければならなかった。

重 □ behind schedule　（予定より）遅れて

CD-1 · Track 17

151 recover from　　　〜から回復する

* recoverの類義語はget betterやrecuperate。

It took a long time for the economy to **recover from** the recession.
経済がリセッションから回復するのには長い時間がかかった。

- □ recession　名 景気後退；リセッション（2四半期連続のマイナス成長）

152 refer to　　　〜を参照する；〜に言及する

Refer to the manual for instructions on operating the machine.
この機械の操作の説明についてはマニュアルを参照してください。

- □ instructions　名（機械操作などの）説明

153 refrain from　　　〜するのを控える

* **abstain from**が同じ意味の動詞句。

Please **refrain from** using flash photography in the museum.
博物館の中ではフラッシュ撮影はお控えください。

154 remind A of B　　　AにBを思い起こさせる

My colleague **reminds** me **of** my father because he's always punctual.
私の同僚はいつも時間に正確で、父のことを思い出させる。

- □ punctual　形 時間に正確な

155 report to　　　〜に出頭する（= present oneself formally at）；〜に直属する（= work under）

*「〜に直属する（=〜の部下である）」の意味では、I **report to** the CFO.（私は最高財務責任者の部下である）のように使う。

All employees are required to **report to** the HR manager at 3:00 today.
社員は全員、今日3時に人事部長のところに集まる必要がある。

- □ be required to *do* 〜することが求められる

156 result in
(結果的に)〜に終わる (= end in);
〜をもたらす (= bring about)

* **result from** (〜に起因する;〜に由来する)

Failure to show up in court will **result in** a fine.
裁判所に出頭しなかった場合には罰金が科されます。

- □ court 名 裁判所
- □ fine 名 罰金 動 〜に罰金を科す

157 see 〜 off
〜を見送る

Mr. Harrelson will **see** the CEO **off** at the airport this afternoon.
ハリソンさんは今日の午後、空港までCEOを見送りに行くつもりだ。

158 set up
〜を設定する (= arrange);
〜を設立する (= establish)

Miguel Sanchez will **set up** a meeting with the supplier.
ミゲル・サンチェスがサプライヤーとの会議を設定します。

159 sign up for
〜に登録する;〜にサインアップする

* 動詞signは「署名する」の意。「署名」はsignatureまたはsigning。

Lisa is going to **sign up for** business courses at her local community college.
リサは地元のコミュニティカレッジのビジネスコースに登録しようとしている。

160 stand for
～を我慢する (= put up with)；～を表す (= represent)；～を支持する (= support)

* よく使う重要な意味が複数あるので注意。「表す」：ADB **stands for** the Asian Development Bank. (ADBはアジア開発銀行を表す)。「支持する」：The government **stands for** free trade. (政府は自由貿易を支持している)

The manager doesn't **stand for** tardiness.
課長は遅刻に我慢できない。

CD-1・Track 18

161 stay tuned
（チャンネルを）そのままにする

* テレビやラジオのアナウンサーやキャスターがCMの前に言う決まり文句。他に、Stay with us. やDon't go away. もよく使われる。

Stay tuned to this channel for further developments about the hurricane.
このチャンネルで引き続き、ハリケーンの今後の状況についてお伝えします。

□ development 名 (物事の) 進展；発展

162 suffer from
～に苦しむ；～の損害を受ける

I **suffer from** headaches because I spend too much time on the computer.
私は長い時間コンピュータに向かいすぎて、頭痛がする。

163 take a break
休憩を取る

* breakは「小休止」の意。

Let's **take a break** and continue the discussion at 1:30.
休憩をして、1時半から話し合いを続けましょう。

164 take advantage of
～をうまく利用する；～につけこむ

Be sure to **take advantage of** the special deals we have at our store.
当店で行っている特別キャンペーンをぜひご利用ください。

165 take care of　〜の処理をする；〜の世話をする

I asked my secretary to **take care of** my travel itinerary.
私は秘書に旅行計画を組んでくれるよう頼んだ。

重 □ travel itinerary　旅行計画（itinerary単独でも、同じ意味）

166 take charge of　〜の責任を持つ；〜の管理を引き受ける

Each employee must **take charge of** his or her own accounts.
社員は全員が自分の顧客に責任を持たねばならない。

重 □ account　名 顧客；口座

167 take 〜 into account　〜を考慮に入れる；〜に気を配る

＊ このaccountは「考慮」の意。**take 〜 into consideration** も同様の意味。

We need to **take** our target market **into account** before we launch a new product.
我々は新製品を発売する前に、対象とする市場について考えておかなければならない。

重 □ launch　動 〜を発売する；〜を始める；（ロケット、ミサイルを）打ち上げる

168 take off　始まる；軌道に乗る；（飛行機が）離陸する；〜を取り除く

Because of the weak economy, our new service never **took off**.
経済が低迷していたため、当社の新しいサービスは軌道に乗らなかった。

169 take over　〜を引き継ぐ・〜の後任になる；〜（事業）を買収する

＊ 名詞のtakeover（買収；引き継ぎ）もビジネスではよく使う。**takeover** bid（株式公開買い付け）。

The CEO's son will **take over** when he retires.
CEOが引退するときには、彼の息子が後を継ぐ。

重 □ retire　動 退職する；引退する

170 take place　　　行われる；起こる

The trade fair will **take place** at the convention center downtown.
商品見本市はダウンタウンのコンベンションセンターで開催される。

- □ trade fair　商品見本市

CD-1・Track 19

171 try on　　　〜を試着する

＊「試着室」はfitting roomやdressing roomという。

I **tried on** many new suits for the party but none fit me.
私はパーティー用の新しいスーツを何着も試着してみたが、ぴったりのものがなかった。

172 turn down　　　〜を却下する (= decline)；〜（音量など）を下げる (= lower)

I'm afraid we will have to **turn down** your offer.
残念ながら、あなたの提案を却下しなければなりません。

173 turn off　　　〜のスイッチを切る (= switch off)；〜の興味を失わせる (= bore, repel)

＊ turn on（〜のスイッチを入れる）

Be sure to **turn off** all electric appliances when you leave the employee lounge.
社員休憩室を出るときには、すべての電気機器のスイッチを忘れずに切ってください。

- □ electric appliances　電化製品

174 use up　　　〜を使い切る

We must be careful not to **use up** all our resources.
我々は資金をすべて使い切らないよう注意しなければならない。

- □ resource　名 資源；資金

175. used to *do* — 昔は〜したものだ；〜だった

Larry **used to** work the night shift until he was promoted.
ラリーは昇格するまで夜勤をしたものだった。

- □ night shift 夜勤
- □ promote 動 〜を昇進させる

176. watch out for — 〜に気をつける

Watch out for fraud over the Internet.
インターネット上の詐欺に注意してください。

177. wonder if [whether] — 〜かどうか不思議に思う；〜ではないかと思う

* <I wonder if you'd like to *do*>で、丁寧な依頼表現になる。**I wonder if you'd like to** meet me this evening.（今晩、お会いできませんか）

I **wonder if** the boss got the memo.
社長は連絡メモを受け取っただろうか。

178. ★ work on — 〜に取り組む；〜に従事する

Janice will **work on** the new software program today.
ジャニスは今日、新しいソフト・プログラムの仕事をする。

179. worry about — 〜を心配する；〜に不安を感じる

Analysts always **worry about** the economy after a banking crisis.
アナリストはいつも、銀行危機後の経済について懸念を抱く。

- □ crisis 名 危機

180. write down — 〜を書き留める；〜を減額する

Please **write down** your name and number and we'll call you.
お名前と電話番号をお書きください。こちらから電話いたします。

LEVEL 1 ────── イディオム120

CD-1・Track 20

1. a couple of　　　2つの〜；数個の〜

The manager will arrive in **a couple of** minutes.
部長は数分後に到着します。

2. a series of　　　一連の〜

The new product launch had **a series of** setbacks.
新製品の発売にはいくつもの失敗があった。

- □ setback　名 失敗；後退

3. above all　　　とりわけ；何にもまして

Above all, we have to look after the customers' needs.
我々は何にもまして、顧客のニーズを考慮しなければならない。

4. according to　　　〜によると (= as stated by)；
　　　　　　　　　　　〜に応じて (= in proportion to)

＊ ビジネスでは、情報源を示すのによく使う。

According to the weather forecast, it'll be sunny today.
天気予報によると、今日は晴れそうだ。

5. across the street　　　通りの向かい側に

＊ 前置詞acrossはこの場合、「〜の向かい側に」の意。Part 1で要注意。他に、「〜と交差して（例：the bridge across the river）」、「〜の全域で（例：across the country）」のように用いられる。

An apartment complex is being built **across the street**.
マンション群が通りの向かい側で建設中だ。

- □ complex　名 複合体；複合施設

6 after all 結局；何と言っても

We were able to meet the president **after all**.
私たちは結局、社長に会うことができた。

7 ahead of ～より早く；～の前方に

Jonathan finished his work **ahead of** schedule so he took the day off.
ジョナサンは予定より早く仕事を終えたので、休みを取った。

8 and so on ～など

＊ and so forthやand the like、またetc.なども同様に使える。

The janitors will sweep the floors, clean the windows, **and so on**.
用務員はフロアを掃いたり、窓をふいたりといった仕事をする。

□ janitor 名 用務員；清掃作業員　　□ sweep 動 (ほうきなどで) ～を掃く

9 apart from ～を除いて (= except for)；～はさておき (= aside from)

Apart from the leak in the ceiling, this house is perfect.
天井の雨漏りを除けば、この家は完ぺきだ。

□ ceiling 名 天井

10 as a matter of fact 実のところ (= actually)

As a matter of fact, we are the number one wholesaler in the area.
実際のところ、当社はこの地域トップの卸売業社なのです。

□ wholesaler 名 卸売業者

CD-1 · Track 21

11 as a rule　　　一般に；概して

* **in general**や**on the whole**が類義のイディオム。

As a rule, I never keep a client waiting.
概して、私は顧客を待たせません。

⭐ 12 as for　　　～について；～に関して

* as forは通常、文頭に置いて使う。regardingが類語。as toは文中でも使う。

As for me, I will not be speaking at the convention.
私について言えば、その会議ではスピーチをしません。

⭐ 13 as long as　　　～するかぎり

As long as Ms. Bergen is in charge, things will run smoothly.
バーゲンさんが担当するかぎり、事はうまく進行するでしょう。

⭐ 14 as of　　　～付けで；～時点で

* 時点を指定するのに使う。

Mr. Harmon is the new general manager **as of** yesterday.
ハーモンさんは昨日付けで新しい本部長になっています。

15 as usual　　　いつものように［な］

After we landed the big account, it was business **as usual**.
大口顧客を獲得した後は、いつも通りのビジネスだった。

🔴 □ land an account　顧客を獲得する

16 as well　　　同様に (= also)；そのうえ (= in addition, besides)

*「そのうえ」の意味では、She is a good salesperson, and a good manager **as well**（彼女はいい販売員であり、同時にいい管理者でもある）のように使う。

John will be out of town on business **as well**.
ジョンも同様に出張で留守にさせていただきます。

- □ out of town　留守にして；出張中で

17. as well as　〜と同様…も

Ms. Fontaine is hard-working **as well as** courteous.
フォンテーンさんは礼儀正しく、また一生懸命に働く。

- □ courteous　形 礼儀正しい；丁寧な

18. at a loss　当惑して；迷って

The boss was **at a loss** as to how to proceed with the tax filing.
税金の申告をどう進めようかと社長は迷っていた。

- □ proceed with　〜を進める
- □ tax filing　税務申告

19. at any rate　いずれにしても；とにかく

＊ anywayやin any caseなどが類義語。

At any rate, we need to be at the airport early to pick up our guests.
とにかく、私たちは顧客を出迎えるため早めに空港に行く必要があります。

20. at ease　気楽にして；遠慮なく

Our new secretary is efficient and seems to be **at ease**.
私たちの新しい秘書は有能であり、またリラックスしているようだ。

- □ efficient　形 効率的な；（人に使って）有能な

CD-1・Track 22

21 at most　　多くても；せいぜい

＊ **at least**（少なくとも）

There were 100 attendees at the trade fair **at most**.
その商品見本市の参加者はせいぜい100人だった。

重 □ attendee　名 出席者

22 at once　　すぐに；時を移さず

Please report to my office **at once**.
すぐに私の部屋に来てください。

重 □ report to　〜に出頭する

23 at one's convenience　　都合のいいときに

＊ 相手に早い対応を促すときには、at your earliest convenienceという言い方をすれば失礼がない。Please let me know **at your earliest convenience**.（できるだけ早くお知らせください）

I would like to meet you to discuss the proposal **at your convenience**.
ご都合のいいときにお会いしてその提案について話し合いたいと思います。

24 at present　　現在のところ

At present, we employ 1,500 people.
現在、当社は1,500人を雇用している。

25 at the moment　　今のところ

Ms. Davidson is busy **at the moment** so she'll call you back.
デイビッドソンは目下取り込み中ですので、折り返し電話させます。

26 at this point　　この時点では；今となっては

* **at this moment**と同様の意味。**at some point**なら「ある時点で；ある時期に」。

At this point, we are still in the middle of the negotiations.
現時点では、私たちはまだ交渉の最中です。

27 at times　　時々（=occasionally, sometimes）

The weather can be very warm **at times** in the winter.
冬でも時々とても暖かい日がある。

28 at worst　　最悪の場合（でも）

* **at best**（最良の場合［でも］）

We'll get a 10 percent refund **at worst**.
最悪の場合でも、我々は10パーセントの返金が受けられる。

重 □ refund　名 返金　動 ～を返金する

29 because of　　～という理由で

* **due to**や**owing to**が同意のイディオム。

Many workers were laid off **because of** plant closures.
工場の閉鎖のため多くの労働者が解雇された。

30 before long　　やがて；間もなく

I know I'll get a promotion **before long**.
私はもうすぐ昇格すると思っている。

重 □ promotion　名 昇格

CD-1・Track 23

31 better off
もっといい状態になって；暮らし向きがよくなって

Because of my health, I'm **better off** in warm climates.
健康上の理由で、私は暖かい気候のほうが調子がいい。

● □ climate 名 気候

32 both A and B
AもBも両方とも

＊ **either A or B**（AかBのどちらか）

Mr. Harris signed **both** the agreement **and** the contract.
ハリスさんは合意書と契約書の双方にサインをした。

33 bound for
（交通機関が）～行きの

＊ 名詞に続けることもできる。the flight **bound for** Chicago（シカゴ行きのフライト）

This train is **bound for** downtown San Francisco.
この電車はサンフランシスコのダウンタウン行きです。

34 by chance
偶然に；期せずして

＊ **by any chance**で「ひょっとして；もしかして」の意味になる。

I met my cousin **by chance** in the café.
私はそのカフェで偶然いとこに会った。

35 by means of
～によって；～を用いて

We settled the deal **by means of** negotiation.
私たちは交渉でその取引を成立させた。

● □ settle 動 ～を解決する；～に決着をつける

36 by oneself
一人だけで (= alone);
独力で (= on one's own)

* **for oneself**（独力で）

Amanda worked on the project **by herself** because her partner was ill.
アマンダはパートナーが病気だったので、そのプロジェクトに一人で取り組んだ。

★ 37 by the way
ところで

* 話題を変えるとき、新しい話題を切り出すときなどに使う。

By the way, I need you to take notes for me at the board meeting.
ところで、取締役会議で私の代わりにメモをとってもらえませんか。

- □ take notes　メモ［ノート］を取る　　□ board meeting　取締役会議

★ 38 contrary to
〜に反して；〜とは逆に

* **to the contrary**（[前文を受けて] それと反対に）

Contrary to what you may think, our food items are popular with young people.
あなたの想定とは逆に、私たちの食品は若い人たちに人気があります。

- □ item　名 品目；項目

39 day by day
日々（の）

* **day after day**（来る日も来る日も）

Bernard is in charge of the **day by day** operations.
バーナードは日々の運営を担当している。

40 dozens of
数ダースの〜；何十の〜

Dozens of people came to hear the CEO's speech.
何十人もの人々がCEOのスピーチを聞きに来た。

CD-1 · Track 24

41 due to
〜のために（= because of, owing to）

＊ be due to *do* で「〜する予定である」の用法もある。

Highway 12 is closed **due to** road construction.
ハイウェー12号線は道路工事のため閉鎖されています。

□ construction 名 建設；工事

42 each other
お互いに

Employees should be team players and help **each other**.
社員はチームプレイヤーとして、互いに助け合うべきだ。

43 either A or B
AかBのどちらか

＊ either A or B が主語になったときには、動詞は近いほうのBに一致させる。

You can buy this coat in **either** blue **or** black.
このコートは青か黒がございます。

44 even though
〜だけれども；〜にもかかわらず

I have to work **even though** it's a holiday today.
今日は休日だが、私は働かなければならない。

45 every other
1つおきの

＊ **every other** month（隔月で）、**every other** line（1行おきに）

Dave goes to a gym **every other** day.
デイブは1日おきにジムに出かける。

46 except for
〜を除いて

＊ except that 〜とすれば、節を導ける。

We are open every day **except for** Sundays.
当店は、日曜以外は毎日営業しております。

47 ★ far from　～からほど遠い；決して～でない

My assignment is **far from** finished.
私の仕事はまだまだ終わらない。

48 first of all　まず；第一に

First of all, I'd like to discuss next year's budget.
まず来年の予算について話し合いたいですね。

□ budget 名 予算

49 for a while　しばらくのあいだ

The doctor told Terence to rest **for a while**.
医者はテレンスにしばらく休むように言った。

50 for free　無料で

We were allowed into the club **for free**.
私たちはそのクラブに無料で入ることが許されていた。

CD-1・Track 25

51 for instance　例えば (= for example)

For instance, we could consult a professional about the problem.
例えば、私たちはその問題を専門家に相談することができますね。

□ consult 動 意見を聞く；助言を求める

52 for now　今のところ；さしあたりは

I won't invest in any stocks **for now**.
現時点では、私はどんな株式にも投資する気はない。

□ invest 動 投資する

53 for the first time　　初めて

* **at first**（初めのうちは）と混同しないように。

Marion was promoted **for the first time** in her life.
マリオンは人生で初めて昇進した。

54 for the sake of　　〜のために；〜を目的に

* 代名詞を使う場合には、for one's sakeの形になる。

He works hard **for the sake of** his children.
彼は子供たちのために一生懸命働いている。

★ 55 for the time being　　しばらくは (= for a while)；さしあたり (= temporarily)

We will not release any new editions of our magazine **for the time being**.
我々はしばらくのあいだ、当社の雑誌の新しい版を出さない予定だ。

重　□ release　動 〜を発売する；〜を出版する　□ edition　名（刊行物の）版

★ 56 from now on　　これからは；今後は

I will be working in the sales department **from now on**.
私は今後、販売部で働くことになる。

重　□ department　名 部門（「デパート」はdepartment store）

57 from time to time　　ときどき (= at times, occasionally)

I like to see movies **from time to time**.
私はときどき、映画を観たいと思う。

58 in a hurry　　急いで (= in haste)

We're not **in a hurry** to sell our home so we'll wait for a good price.
私たちは家を売るのを急いでいるわけではないので、いい値段がつくのを待ちます。

62

59 in a minute　　すぐに

* **just a minute**、**in a moment**も同様の意味で使う。

Mr. Gregson will be here **in a minute**.
グレグソンはすぐにまいります。

60 in a sense　　ある意味で

* in a general sense（一般的な意味で）、in a narrow sense（狭い意味で）、in a larger sense（より広い意味で）というように使える。

We are an educational company, **in a sense**, because we provide training services.
当社は研修プログラムを提供しているので、ある意味で教育企業です。

- □ educational　形 教育の

CD-1・Track 26

★ 61 in addition to　　〜に加えて

We sell hardware **in addition to** office supplies.
私たちは事務用品のほかに、金物類も販売しています。

62 in advance　　前もって；あらかじめ

* beforehandやpreviouslyが類義語。

I bought tickets to the concert **in advance**.
私はそのコンサートのチケットを前売りで購入した。

63 in case of　　〜の場合に；もし〜が起こったら

* **in the event of**が類義のイディオム。

In case of emergency, push the red button.
緊急の場合には、赤いボタンを押してください。

- □ emergency　名 緊急事態

64 in charge of　　　〜を担当して；〜を管理して

* Who's **in charge of** this job? → John is.のように担当者を聞く会話は、Part 2の頻出パターン。

Lawrence Mitchell is **in charge of** plant operations.
ロレンス・ミッチェルは工場の運営を担当している。

65 in detail　　　詳しく；詳細に

* in every detailで「細部まで；隅々まで」の意味になる。

Please tell us the plan **in detail**.
その計画を私たちに詳しく教えてください。

66 in fact　　　実は；要するに；それどころか

In fact, our smaller factory is more cost-effective.
実のところ、私たちの小さな工場のほうが費用効率が高いのです。

- □ factory 名 工場
- □ cost-effective 形 費用効率が高い

67 in favor of　　　〜に賛成して

We voted unanimously **in favor of** the new amendment.
我々は新たな改正案に満場一致で賛成した。

- □ vote 動 投票する 名 投票
- □ unanimously 副 全員一致で
- □ amendment 名 改正；修正

68 in general　　　一般的に；概して

In general, we like to keep our work in-house.
全般的に、我々は業務を社内で行うのを好む。

- □ in-house 副 社内で 形 社内の

69 in honor of　　　〜に敬意を表して；〜を祝して

The firefighters received an award **in honor of** their service.

消防士たちには仕事を称える賞が授与された。

- □ firefighter 名 消防士　　　□ award 名 賞

70 in no time　　　すぐに

We finished the work **in no time** so the boss was pleased.
私たちはその仕事をすばやく終えたので、上司は喜んだ。

- □ pleased 形 喜んで；満足して

CD-1・Track 27

71 in public　　　公然と；人前で

The celebrity does not like to be seen **in public**.
有名人は人目に触れるのを好まない。

- □ celebrity 名 有名人；セレブ

72 in return (for)　　　(〜への) 返礼 [見返り] として

We will give you store credit **in return for** your goods.
当店ではお客様の返品に対してストアクレジットを差し上げます。

- □ store credit ストアクレジット (その店だけで使える金券)

★ 73 in spite of　　　〜にもかかわらず

＊despiteが同義。どちらもPart 5、6頻出。

Joseph will go on the business trip **in spite of** his illness.
ジョセフは病気にもかかわらず出張に出かけるつもりだ。

- □ illness 名 病気

★ 74 in terms of　　　〜の点では；〜の観点から

Let's think of the project **in terms of** cost.
そのプロジェクトを経費の点から考えましょう。

75 in the long run   長い目で見れば；結局

Taking a slower approach to the problem will be better **in the long run**.
その問題には時間をかけて対処するほうが長い目で見ればいいでしょう。

76 in the meantime   その間に；一方で

The boss is in with a client so I'm working on this document **in the meantime**.
上司は顧客と一緒なので、その間に私はこの書類を見ているところです。

77 in the middle of   〜の最中に；〜のまん中に

The professor left the stage **in the middle of** his lecture.
教授は講義の最中に演壇から立ち去った。

78 in the rear of   〜の後ろに；〜の背後に

＊ **in front of**（〜の前に）

There's a big dent **in the rear of** the car.
この車の後部には大きなへこみがある。

□ dent 名 へこみ；くぼみ

79 in the right   正当で；道理があって

＊ **in the wrong**（間違って）

The court ruled that the corporation was **in the right**.
裁判所はその会社の主張が正しいという判断を下した。

□ court 名 裁判所　　　　　□ rule 動 〜を規定する；〜を判定する
□ corporation 名 会社；法人

80 in turn   今度は；順番に

＊「順番に」の意味では、Four guests made a speech **in turn**.（4人のゲスト

は順番にスピーチをした）のように使う。

If you do him a favor, he'll do you one **in turn**.
彼の頼み事を聞いてあげれば、今度は彼があなたの頼み事を聞いてくれるでしょう。

重 □ do ~ a favor　～の頼み事を聞く；～に手を貸す

CD-1・Track 28

81 instead of　～の代わりに；～しないで

I'd like to stay in the hotel two nights **instead of** one.
このホテルに1泊ではなく2泊したいのですが。

82 kind of　ちょっと；どちらかと言うと

＊ rather、somewhatなどと同様の意味。sort ofも使える。

The fax is **kind of** urgent.
このファクスはちょっと急ぎのものです。

重 □ urgent　形 至急の

83 more or less　多かれ少なかれ；おおよそ

The boss was **more or less** satisfied with this month's performance.
社長は今月の業績に多かれ少なかれ満足していた。

84 neither A nor [or] B　AもBも～ない

＊ neither A nor [or] Bが主語になったときは、動詞は近いほうのBに一致させる。

The plan is **neither** good **nor** practical and should be revised.
この計画はよくもないし現実的でもないので、見直すべきだ。

重 □ practical　形 実用的な；現実的な　　□ revise　動 ～を改定する；～を見直す

85 next to　～の次に；～に隣接して

Put the plant **next to** the file cabinet.
ファイルキャビネットの隣に観葉植物を置いてください。

86 no longer　もはや〜ない

Due to high demand, we are **no longer** taking any new customers.
需要が大きいため、私たちはもう新規顧客を開拓していない。

- □ demand　名 需要

87 not always　必ずしも〜ではない

The figures are **not always** correct.
この数字は必ずしも正確ではありません。

- □ correct　形 正確な

88 not only 〜 but (also) ...　〜だけでなく…もまた

* **not 〜 but ...**（〜でなく…である）

Ellen is **not only** generous **but also** respectful.
エレンは寛容なばかりでなく、礼儀正しくもある。

- □ generous　形 寛容な；(金銭的に) 気前がいい
- □ respectful　形 礼儀正しい

89 now that　今や〜であるからには

* as a consequence of the fact that 〜（〜という事実の結果として）の意味。now that節は文の前にも後ろにも置ける。

Now that Joe is retired, he can focus on his hobbies.
ジョーはもう退職しているので、自分の趣味に没頭できる。

90 on behalf of　〜を代表して；〜のために

On behalf of the Randall foundation, I would like to welcome you here tonight.
ランダール財団を代表して、今夜ご出席の皆様を歓迎いたします。

- □ foundation　名 財団；基金；基礎

CD-1・Track 29

91 on display　　展示して；示して

There were many rare artifacts **on display** at the museum.
その美術館には数多くの珍しい工芸品が展示されていました。

- □ rare　形 珍しい
- □ artifact　名 工芸品；人工物

92 on duty　　勤務中で［の］

＊ **off duty**（勤務外で［の］）

Please speak with the officer who is **on duty**.
当直中の警官と話してください。

- □ officer　名 警官；(会社の) 幹部；将校

93 on earth　　(疑問文で) 一体全体；世界で

What **on earth** is going on here?
一体全体ここで何が起こっているのですか。

94 on purpose　　故意に；意図して

＊ deliberatelyやintentionallyが類義語。

Stephen came late **on purpose** to avoid the morning meeting.
スティーブンは朝の会議を避けるために故意に遅刻した。

- □ avoid　動 避ける

95 on the contrary　　それどころか；それに反して

＊ 前の文を受けて、逆のことを述べる場合に使う。

On the contrary, we think your firm will benefit from this ad.
それどころか、御社はこの広告から利益を得られると私たちは考えています。

- □ firm　名 会社
- □ benefit from　〜から利益を得る

96 one after another　　次々に；入れ替わり立ち替わり

The students filed into the classroom **one after another**.
生徒たちが教室に次々と入っていった。

- □ file into　列をなして〜に入る

97 one another　　お互い（に）

We must take care of **one another** in times of crisis.
私たちは危機のときにはお互いに助け合わなければならない。

98 out of order　　故障して；不調で

* **in order**（正常で；調子よく；順番に）

The staff room vending machine is **out of order**.
社員休憩室の自動販売機は故障している。

- □ vending machine　自動販売機

99 out of stock　　在庫切れで

* **in stock**（在庫があって）

That product is temporarily **out of stock**.
その製品は一時的に在庫を切らしております。

- □ temporarily　副 一時的に

100 over there　　あそこに；向こうに

Look at the chart **over there** and give us your opinion on it.
あちらの表を見て、意見を聞かせてください。

- □ chart　名 図表

CD-1・Track 30

101 plenty of — たくさんの〜

I have **plenty of** reasons to retire early.
私には早期退職する理由がいくつもあります。

102 ⭐ prior to — 〜より前に；〜に先立って

* priorは「事前の」の意の形容詞としてもよく使われる。a **prior** notice（事前の通知）

Please fill out this form **prior to** arrival.
到着前にこちらの書式を書き込んでください。

103 rather than — 〜よりはむしろ

I think we should take a poll **rather than** make a sudden decision.
我々はすぐに決断するのではなくまず調査をすべきだと思う。

重 □ poll 名（世論）調査

104 ⭐ regardless of — 〜と関係なく（= without regard to）；〜にもかかわらず（= irrespective of）

I'm going to go for a drive **regardless of** the stormy weather.
荒れ模様の天気だが、私はドライブに出かけるつもりだ。

105 right away — すぐに（= at once, right now）

Ms. Marten started inputting the data **right away**.
マーテンさんはすぐにデータを入力し始めた。

106 second hand — 中古（の）

* **at second hand**で「中古で；間接的に」。**first hand**（直接に；じかに）

That shop takes in **second hand** goods and sells them.
その店は中古品を仕入れて、販売している。

LEVEL 1　イディオム120

107 side by side　　並んで

＊side by side withで「～と協力して」。

Place the books **side by side** on the shelf.
棚に本を並べてください。

⭐ 108 so far　　今までのところ

＊So far so good.（今のところいいですね）は会話の決まり文句。

The machine is running well **so far**.
この機械は今のところうまく作動しています。

- □ run　動 機能する；～を経営・管理する

109 so that　　～するために；～できるように

＊that以下の節では、canやmayという助動詞がよく使われる。

Let's finish the work now **so that** we can go to dinner later.
この後夕食に行けるように、さっさと仕事を片づけましょう。

110 sooner or later　　遅かれ早かれ

I will have to buy my own house **sooner or later**.
遅かれ早かれ、私は自分の家を購入することになるだろう。

CD-1・Track 31

111 such a ～ that ...　　…するほどの～；とても～（名詞）なので…

＊＜so ～ that ...＞を使うのは～の部分が形容詞や副詞の場合。

There was **such a** strong wind last night **that** it blew down a tree.
昨夜は、木をなぎ倒すほどの強風が吹いた。

112 such as　　例えば〜のような

＊such asの後には、例示するものを置く。

We need to take in account things **such as** the mood of the customer.
我々は顧客の気分のようなことについても考慮しておく必要がある。

113 thanks to　　〜のおかげで

Thanks to my assistant, I was able to get an appointment with the governor.
アシスタントのおかげで、私は知事との約束をとりつけることができた。

- □ governor　名 知事

114 the other day　　先日；この間

＊**these days**（最近は）

I ran into an old friend **the other day**.
私は先日、旧友にばったり出くわした。

- □ run into　〜に偶然出会う

115 to begin with　　まず；第一に

To begin with, our old style of doing business isn't working properly.
第一に、私たちの古い仕事のやり方はうまく機能していない。

- □ properly　副 適切に

116 to some extent　ある程度まで

* 程度を具体的に示すときには、to the extent that ~（~ほどまでに）の形で文を続ける。

We are liable **to some extent** for the damage.
我々はその損害に対してある程度まで責任がある。

- □ be liable for　~に責任がある
- □ damage　图 損害；破損

117 to the point　要領を得た；的を射た

* get (right) to the pointで「核心を突く」の意。

Paul always gets right **to the point** during a presentation.
ポールはいつもプレゼンのときにはしっかり核心を突く。

118 under way　（仕事などが）進行中で

The construction of the tower is now **under way**.
そのタワーの建設は現在進行しているところだ。

119 up to　~次第で；~の義務［担当］で；（最大）~まで

* It's **up to** you.（あなた次第ですよ）は会話でよく使う決まり文句。

It's **up to** you whether you want to join the negotiations or not.
その交渉に参加するかどうかは、あなた次第です。

- □ negotiation　图 交渉

120 with regard to　~に関して

* **in regard to**も同義。

I'm calling **with regard to** the application you submitted to our company.
あなたが弊社に送った応募書類につきまして、電話をさしあげています。

- □ application　图 申込用紙；応募
- □ submit　動 ~を提出する

LEVEL 2

実用スコアを獲得する頻出300熟語

目標 ▶ **730**点

動詞句：180 ……… p.76
イディオム：120 …… p.110

LEVEL 2　　動詞句180

CD-1・Track 32

1. adhere to
〜に従う (= obey, comply with)；
〜に付着する (= stick to)

We were told to **adhere to** the corporation's principles.
私たちは会社の方針に従うようにと言われた。

□ principle 名 方針；原則

2. aim at
〜を狙う；〜を目指す

We at Berker, Inc. **aim at** pleasing our customers.
私共バーカー社は、お客様に喜んでいただけることを目指しています。

3. amount to
合計〜になる (= add up to)；
結局〜になる (= come to)

＊ 名詞のamountは「数量；金額」の意の必須語。

This campaign should **amount to** more sales.
このキャンペーンにより売り上げが増えるはずだ。

4. ask a favor of
(〜に) 頼み事をする；
(〜に) お願いをする

＊ **do 〜 a favor**なら逆で、「〜の願いを聞く；〜のために役に立つ」の意。

May I **ask a favor of** you?
あなたにお願いがあるのですが。

5. be absorbed in
〜に熱中する (= be engaged in)

＊ 動詞absorbは「吸収する；(心を) 奪う」の意。

Tom **was absorbed in** his work and didn't speak to us.
トムは自分の仕事に没頭していて、私たちに話しかけなかった。

6. be accompanied by　〜に同伴される；〜が付属している

＊動詞accompanyは「随伴する；伴う」の意。

The client **was accompanied by** her secretary.
そのクライアントには秘書が付き添っていた。

7. be associated with　〜と関係［親交］がある；〜を連想させる

＊動詞associateは「連想させる；提携させる」の意。

That symbol **is associated with** prosperity and happiness.
そのマークは繁栄と幸福に関係するものだ。

- □ symbol　名 シンボル；記号
- □ prosperity　名 繁栄

8. be bound to *do*　〜の義務がある；確実に〜する

＊状況や業務、法律によって何かをすることが求められるときに使う。boundはbind（拘束する）の過去分詞。

If we make our sales quota, we**'re bound to** make a profit.
売り上げノルマを設定したら、我々は確実に利益をあげることが求められる。

- □ quota　名 割当数量；ノルマ

9. be clear of　〜とは無縁である (= be free of)；〜を免除されている (= be exempt from)

Make sure the road **is clear of** any obstacles.
路上に障害物がないことを確認してください。

- □ obstacle　名 障害（物）

10. be committed to　〜に専心している；〜に尽力している

＊**be dedicated to**が類義表現。

We **are committed to** providing the best benefits to our employees.
私たちは社員に最高の利益を与えられるよう尽力している。

- □ benefit　名 利益；(複数で) 給付

CD-1・Track 33

11 be compelled to *do* 〜せざるをえない (= be forced to *do*)

＊ 動詞compelは「無理に〜させる」の意。

I **was compelled to** sign the lease immediately.
私はすぐにリース契約に署名せざるをえなかった。

12 be content with 〜に満足している (= be satisfied with)

＊ 動詞を続ける場合はbe content to *do* とする。

Are you **content with** your current insurance plan?
現在の保険契約にご満足ですか。

- □ current 形 現在の
- □ insurance 名 保険

13 be curious about 〜に興味がある (= be interested in)

＊ be curious to *do* なら「〜したがる」の意。

The marketing director **is curious about** the European market.
マーケティング部長は欧州市場に関心を持っている。

14 be dedicated to 〜に専心している；〜に打ち込んでいる

Mr. Lam **is dedicated to** his work.
ラムさんは自分の仕事に献身的である。

15 be devoted to 〜に専念している；〜に没頭している

＊ **devote oneself to** も同様の意味。動詞devoteは「専念させる」。

Ms. Suzuki **is devoted to** worthy causes.
鈴木さんは社会貢献活動に身を入れている。

- □ worthy cause 社会貢献；大義

16 ⭐ be equipped with　〜を備えている；〜を身につけている

＊名詞のequipment（機器）は必須語。

This car **is equipped with** a high-tech navigation system.
この車は最先端のナビゲーションシステムを搭載している。

17 ⭐ be free from　〜（好ましくない物・人）を免れている

We warrant our products to **be free from** defects.
当社は自社製品に欠陥がないことを保証いたします。

- □ warrant　動 〜を保証する
- □ defect　名 欠陥；不備

18 ⭐ be held liable for　〜に責任を負わされる

＊**be liable for**だけで「〜に責任がある」。

The plant owner **was held liable for** the worker's injury.
工場のオーナーはその労働者のけがの責任を問われた。

19 be hesitant to *do*　〜することをためらう

＊名詞を続けるときはbe hesitant aboutの形を使う。

Consumers **are hesitant to** spend a lot of money on fashion these days.
最近、消費者は衣服に大金を使うのを控えている。

20 ⭐ be impressed by　〜に感銘を受ける；〜に好印象を持つ

The CFO **was impressed by** our first quarter earnings.
最高財務責任者は会社の第1四半期の利益に感心した。

- □ CFO (Chief Financial Officer)　名 最高財務責任者

CD-1・Track 34

21 be inclined to *do*
〜する傾向がある (= be prone to *do*)；
〜したいと思う (= want to *do*)

＊「〜したいと思う」の意味では、feel inclined to *do* とも言う。

Our manager **is inclined to** wake up late every morning.
私たちの課長は朝起きるのが遅い。

22 be indifferent to
〜に無関心である；〜を意に介さない

＊indifferentは制限用法で使う場合、「無関心な」のほかに「可もなく不可もない；平凡な」の意味がある。an **indifferent** work（凡庸な作品）

We asked for the manager's opinion, but he **was indifferent to** the matter.
私たちは課長の意見を求めたが、彼はその案件には無関心だった。

23 be intent on
〜に集中している；〜に熱心である

Ian **is intent on** getting a raise.
イアンは給料を上げてもらおうと一生懸命だ。

□ raise 名 昇給

24 be into
〜が大好きである；〜に熱中している

The president **is** really **into** golf and plays every weekend.
社長はゴルフが大好きで、毎週末プレイしている。

25 be involved in
〜に巻き込まれる；〜に熱中する

＊動詞involveは「巻き込む；関与させる」の意。

Our production company **is involved in** the making of the film.
我々の制作会社はその映画の制作にかかりきりだ。

26. be lacking in　　〜を欠いている

The plan seems to **be lacking in** detail.
その計画は詳細部分が欠落しているようだ。

27. be of service to　　〜に有益である；〜の役に立つ

How may I **be of service to** you today?
今日はいかがいたしましょうか。

28. be particular about　　〜にこだわる；〜に細心の注意を払う

＊ **be fussy about**も同様の意味。

Our customers **are** very **particular about** quality.
当社の顧客は品質に強いこだわりがある。

29. be reluctant to *do*　　〜する気がしない；しぶしぶ〜する

We **were reluctant to** make the deal at first.
初めのうち私たちはその契約を交わすのに乗り気でなかった。

30. be required to *do*　　〜することを求められる

All employees **are required to** wear their badges while in the office.
従業員は全員、事務所内ではバッジを付けることが求められている。

CD-1 · Track 35

31. be worth doing　　〜するに値する

＊ be worthwhile doingでも同様の意味。

It **is worth buying** stock in a bear market.
株は弱気相場のときに買うべきだ。

□ bear　形（株式相場が）弱気筋の（↔ bull　強気筋の）

32 bear ~ in mind　　~を心に留める；~を忘れないでおく

＊bearの代わりにkeepも使われる。

Bear it **in mind** that this is our biggest job ever, so it must be done right.
これが私たちのこれまでで一番大きな仕事なので、きちんとやり遂げなければならないことを心に留めるように。

33 become of　　~はどうなるのか

＊whateverまたはwhatを主語にした疑問文で使われる。

Whatever **became of** George from the maintenance department?
保守管理部にいたジョージはどうなったの？

- □ maintenance　名 保守管理

34 bend over　　かがむ；腰を曲げる

＊bend down、stoop、crouchなどが類語。

My back hurts so it's hard to **bend over**.
私は腰が痛くて、かがむのが辛い。

35 beware of　　~に気をつける

All mail carriers should **beware of** dogs.
郵便配達員はみんな犬に用心すべきである。

- □ carrier　名 運送業者；通信業者

36 bother to *do*　　わざわざ~する

I don't **bother to** answer my e-mail every day.
私は毎日わざわざメールに返事を書くことはしない。

37 break down
〜を分類する (= classify);〜を分割する (= divide);失敗に終わる (= fail);壊れる

Break down all the data on a spreadsheet.
スプレッドシート上ですべてのデータを分類してください。

- □ spreadsheet 名 表計算シート (ソフト)

38 break into
〜に(不法に)進入する (= burgle);〜(会話など)に割り込む (= cut in)

Some thieves tried to **break into** our office.
泥棒が私たちの事務所に押し入ろうとした。

- □ thief 名 泥棒;窃盗犯

39 break out
(突然)発生する (= erupt);脱出する (= escape from)

A riot **broke out** in the streets when the prime minister visited the nation's capital.
首相がその国の首都を訪問したとき、街では暴動が発生した。

- □ riot 名 暴動
- □ capital 名 首都

40 break through
〜を打ち破る;〜を切り抜ける

* 名詞breakthroughは「現状打破;(技術などの)飛躍的な進歩」という意味のビジネスの重要語。

The crowd started to **break through** the barriers to see the president.
群衆は大統領を見ようとして、柵を壊し始めた。

- □ barrier 名 柵;障害

CD-1 · Track 36

41 bring up
〜(子供など)を育てる (= raise);〜(提案など)を持ち出す (= propose)

I was **brought up** in the south.
私は南部で育ちました。

42 burst into　　突然〜し出す；〜に乱入する

* **burst into** tears（突然、泣き出す）、**burst into** a laugh（突然、笑い出す）。

The woman was so happy to get the job that she **burst into** tears.
その女性は仕事に就けたことが嬉しくて、泣き出してしまった。

43 buy out　　〜（事業・権利など）を買い取る

* management buyout (MBO)は「自社の買い取り」の意で、現経営陣（社員）が親会社などから株式を取得して経営権を握ること。

The large corporation decided to **buy out** the struggling start-up.
その大企業は経営難の新興企業を買い取ることを決定した。

- □ struggle 動 もがく；苦闘する　　□ start-up 名 新興企業

44 call in sick　　病欠の連絡をする

If you don't feel well, you should **call in sick** today.
気分がよくないなら、今日は病欠の連絡を入れたほうがいいですよ。

45 call it a day　　一日の仕事を切り上げる；うち切る

We've worked 12 hours already so let's **call it a day**.
私たちはもう12時間も働いたので、仕事を切り上げることにしましょう。

46 call off　　〜を中止する；〜を撤回する

Darryl **called off** his business trip for health reasons.
ダリルは健康上の理由で出張を取りやめた。

47 call on　　〜（人）を訪問する (= visit)；〜を要請する (= request)

What time are you planning to **call on** the client?
あなたは何時にクライアントを訪問する予定ですか。

48 care about　　　〜を大切にする；〜に配慮する

More industries should **care about** the environment.
もっと多くの業界が環境に配慮すべきだ。

- □ industry　名 産業；業界　　□ environment　名 環境

49 check with　　　〜に相談する（= consult with）

I need to **check with** my broker before trading stock.
株の取引をする前に、証券会社に相談する必要がある。

- □ trade　動 取引をする；売買する

50 come across　　　〜に偶然出会う（= encounter）；〜をふと見つける（= discover）

Did you happen to **come across** my briefcase?
私のブリーフケースを知りませんか。

- □ briefcase　名 書類かばん；ブリーフケース

CD-1・Track 37

51 come along　　　進む（= progress）；よくなる（= improve）

＊ Come along! と会話で使えば、「急いで！」の意。

The construction work is **coming along** nicely.
建設作業は順調に進んでいる。

- □ construction　名 建設

52 come out　　　（結果などが）出てくる；売りに出される

The author's new novel will **come out** next month.
来月には、その作家の新しい小説が出版される。

- □ author　名 作家

53 **come to terms with** 〜と合意に達する；〜を受け入れる

It took Sam some time to **come to terms with** his loss.
サムは自分の損失を受け入れるのにしばらく時間がかかった。

54 **come true** （夢・希望などが）実現する

Jan's wish for a successful year **came true**.
満足のいく1年にしたいというジャンの願いはかなえられた。

55 **come up** 発生する（= arise, happen）

* **come up to**（〜に達する）

Please let us know if a problem **comes up** with our software.
私たちのソフトに問題が発生したら、知らせてください。

56 **come with** 〜を装備している；〜が付いてくる

This car **comes with** leather seats.
この車は革張りのシートを装備している。

⭐ 57 **compensate for** 〜を補償［補填］する（= make up for）

The tenant was ordered to **compensate for** the damage.
そのテナントは損害を弁済するよう命じられた。

- □ tenant 名 賃借人；テナント

⭐ 58 **compete with** 〜と競争する

* 形容詞 competitive（競争力のある；他に負けない）は頻出ビジネス語。**competitive** salary（他社に負けない給与）、**competitive** edge（競争力）。

This new brand will **compete with** all the top brands.
この新しいブランドは、すべてのトップ・ブランドと競合することになるだろう。

59 ⭐ conform to
~に適応する (= adapt to)；~に従う (= comply with)

Stan has trouble **conforming to** a formal workplace.
スタンは堅苦しい職場になじむのに苦労している。

60 consist in
（重要なものが）~にある (= lie in)

Our reliability does not only **consist in** our workforce, but also our goods.
当社の信頼性は人材だけでなく、製品にもある。

- □ reliability 名 信頼性
- □ workforce 名 労働力

CD-1・Track 38

61 correspond with
~に連絡する；~と一致する

* **correspond to**（~と一致する；~に相当する）

We would like to **correspond with** you by e-mail.
私たちはメールでご連絡を差し上げたいのですが。

62 ⭐ count on
~を当てにする (= rely on)；~に期待する (= expect)

You can **count on** Fredrick's Car Repair for speedy service.
迅速なサービスをお望みでしたら、フレデリクス・カーリペアをご用命ください。

63 ⭐ credit A for [with] B
Bという理由でAを認める；BをAのおかげだとする

* 動詞creditは「（実績などを）認める」の意。forの代わりにwithも使う。名詞では、「信用；評判」のほか、「（学校での）履修単位」「（映画などの）クレジット表示」などの意味がある。

The boss **credited** Ms. Weiland **for** securing the account.
上司はその顧客を獲得できたのはウィーランドさんの功績だと認めた。

- □ secure 動 ~を確保する；~を獲得する

64 ⭐ cut down on　　～を削減する

I need to **cut down on** calories and exercise more.
私はカロリーを控えて、もっと運動をしなければいけない。

- □ exercise　動 運動する

65 cut in　　邪魔をする（= interrupt）；（会話などに）割り込む（= break in）

You can't **cut in** while the boss is in a meeting.
社長が会議中の間は、邪魔することはできませんよ。

66 ⭐ do away with　　～（制度など）を廃止する（= abolish）；～（不要物）を処分する（= dispose of）

It's time we **did away with** the old company rules.
会社の古いルールを廃止するいい時機でしょう。

67 do harm　　損害を及ぼす

＊ **do good**（役立つ）。**do more harm than good** で「百害あって一利なし」。

Trading your stocks now may **do** more **harm** than good.
今、株の売買をするのは百害あって一利なしですよ。

68 do without　　～なしで済ます

To save money, we must learn how to **do without** frivolous things.
貯金するためには、私たちはどうやってつまらないものを買わないで済ますかを学ばないといけない。

- □ frivolous　形 取るに足りない

69 ⭐ draw up　　～（文書など）を作成する（= draft）；～（計画など）を立案する（= devise）

Draw up a draft of the letter and send it to me, please.
その手紙の下書きを作成して、私に送ってください。

- □ draft　名 下書き

70 dwell on
〜をあれこれ考える (= muse on)；〜にこだわる (= linger on)；〜を長々と話す (= discuss at length)

It does no good to **dwell on** the past.
過去をくよくよ考えてもいいことはない。

CD-1・Track 39

71 embark on
〜に着手する

＊動詞embarkは「乗船する」が原意。

Andrew was excited to **embark on** a new career.
アンドリューは新しい仕事を始めるのにワクワクしていた。

★ 72 end up *doing*
結局〜になる；最後には〜になる

＊**wind up *doing***が同義の動詞句。名詞を続けるときはend up (in)とする。

Mr. Orlando **ended up** buy**ing** the first house he looked at.
オーランドさんは結局、最初に見た家を購入した。

★ 73 enroll in
〜（授業など）に登録する

Louise **enrolled in** Saturday morning business courses.
ルイーズは土曜日朝のビジネスコースに登録した。

74 excel in
〜で優れている

I always **excelled in** Math at school.
私は学校でいつも数学は抜群の成績だった。

75 exchange A for B
AをBと交換する

＊**replace A with B**が同義の動詞句。return（返品する）、refund（返金する）もビジネスの必須語。

Could I **exchange** this blouse **for** a purse?
このブラウスをハンドバッグと交換していただけませんか。

76 face off — 対決する

* 対決する相手を続けるときはface off against [with]（〜と対決する）とする。なお、face to faceで「直接向かい合って；対面して」という意味のイディオム。

The two IT giants **faced off** against each other in the Internet market.
そのIT大手2社はインターネット市場で激突した。

77 fall on — （日付が）〜に当たる

Carol's birthday **falls on** a holiday.
キャロルの誕生日は休日に当たっている。

78 ★ fall short of — 〜に達しない；〜に不十分である

* fallの代わりにcomeも使える。

Our third quarter earnings **fell short of** expectations.
当社の第3四半期収益は予想を下回った。

重 □ quarter 名 四半期　　□ earnings 名 収益；利益
　 □ expectation 名 期待；予想

79 fall through — （計画や取引などが）失敗に終わる（= fail）

The building plans **fell through** when the economy got bad.
経済が悪化して、建設計画のいくつかは失敗に終わった。

80 figure out — 〜を理解する（= understand）；〜を解明する（= work out）

* **figure on**（〜を考慮に入れる；〜を予測する）

I can never **figure out** how to use this software.
私はこのソフトの使い方がまったくわからない。

CD-1 · Track 40

81 ⭐ file for 〜を申し立てる；〜を申請する

＊**file for** bankruptcy（破産を申し立てる）は決まり文句。他に、**file for** divorce（離婚を申し立てる）など。法的な申請をするのによく用いる。

The firm had no choice but to **file for** bankruptcy.
その会社は破産を申請する以外に選択肢がなかった。

82 fill in for 〜の代理［代役］を務める

We hired a temp worker to **fill in for** our ailing receptionist.
私たちは病気の受付係の代わりを務める臨時職員を採用した。

重 □ ailing 形 病気の；(経済が) 不調の

83 find fault with 〜のあら探しをする；〜の欠陥を見つける

If you **find fault with** our machine, please return it for a full refund.
当社の機械製品に問題がありましたら、返品いただければ代金全額を返金いたします。

84 fix up 〜を修理する；〜を整える；〜を手配する

I need to do a lot to **fix up** my house.
自宅を修理するにはたくさんのことをしなければならない。

85 follow up (〜を) 確認する・追跡する

Please **follow up** on the client's decision to go ahead with the project.
そのプロジェクトを進めるというクライアントの決断を確認してください。

86 gain ground — 勢いを得る；前進する

* **lose ground**（勢いを失う）

Investors took interest in the company when it started to **gain ground**.
投資家たちはその会社が勢いを持ち始めたときに関心を持った。

87 get acquainted with — ～に精通する；～と知り合いになる

* with以下は物でも人でも可能。動詞acquaintは「精通させる；知らせる」の意。

It took some time to **get acquainted with** the software.
そのソフトに慣れるのに少し時間がかかった。

88 get along with — ～と仲良くする (= be friendly with)

* **get along**で「やっていく；進行する」の意。

The director is likeable and **gets along with** everyone.
その役員は人好きがして、だれとでもうまくやっていく。

89 get ～ done — ～を終わらせる (= finish)

It took Phil ages to **get** the job **done**.
フィルはその仕事をやり終えるのにずいぶん長い時間をかけた。

□ ages 名 長い間（必ずしも「長い年」という意味ではない）

90 get down to — ～に取りかかる

Let's **get down to** business.
仕事に取りかかりましょう。

CD-1 · Track 41

91 get through to — （電話で）～につなぐ

How can I **get through to** your customer service department?
御社の顧客サービス部につないでいただけませんか。

- □ customer service department 顧客サービス部

92. get together
集まる (= gather)；
〜を集める (= collect)

We need to **get together** for a chat sometime.
そのうちに会って話しましょう。

- □ chat 名 おしゃべり

93. give 〜 a hand
〜の手伝いをする

Martin asked me to **give** him **a hand** with the presentation.
マーティンは私にプレゼンを手助けしてくれるよう頼んだ。

94. glance at
〜をちらっと見る

＊ **at a glance**、**at first glance** はどちらも「ひと目見て」の意のイディオム。

I was only able to **glance at** the document so I'll read it later.
その書類はちらっと見ることしかできなかったので、後で読みます。

95. go bankrupt
倒産する (= go bust, collapse)

＊ bankrupt は「倒産した」の意。bankruptcy で「倒産」。

The airlines are in danger of **going bankrupt**.
それら航空会社は倒産の危機に瀕している。

96. go by
〜の名で通る；(時が) 過ぎる

＊ *As time goes by* (時の過ぎゆくままに) は映画『カサブランカ』に出てくる名曲。

The president **goes by** her maiden name.
社長は彼女の旧姓で通している。

- □ maiden name (既婚女性の) 旧姓

97 go on (a) strike　　ストライキを打つ

＊ go on a trip（旅行に行く）、go on a picnic（ピクニックに行く）、go on a walk（散歩に行く）はよく使うフレーズ。

The labor union ordered the workers to **go on strike**.
労働組合は社員にストライキを打つように指示した。

- □ labor union　労働組合

98 go through　　（法案などが）通過する；～（困難など）を経験する；～を通り抜ける

Our budget plan **went through** so we started the work.
予算案が通ったので、私たちはその仕事を始めた。

99 go with　　～と調和する；～に伴う；～に賛成する

＊「サイズが合う」はfitを使う。

This tie **goes** well **with** that suit.
このネクタイはそのスーツにぴったりですよ。

100 go without　　～なしで済ます

We had to **go without** electricity during the snowstorm.
私たちは吹雪のなか、電気なしで済まさなければならなかった。

CD-1・Track 42

★ 101 happen to *do*　　たまたま～する

I **happened to** find my keys on the sidewalk.
私は歩道に自分の鍵が落ちているのを偶然見つけた。

- □ sidewalk　名 歩道

★ 102 have difficulty (in) *doing*　　～するのが困難である

He **had difficulty in** walking after the accident.

彼は事故に遭った後、歩くのが難しかった。

103 have second thoughts about　～について考え直す

She started to **have second thoughts about** the marriage.
彼女はその結婚について考え直すようになった。

104 hint at　（言外に）～をほのめかす（= imply）

The band **hinted at** a new CD release.
そのバンドは新しいCDの発売をほのめかした。

105 infer from ～ that ...　～から…を推測［推論］する

We can **infer from** our research **that** this medicine will work to fight the disease.
私たちは、この薬がその病気を治すのに有効であることを研究から推測することができる。

- □ disease　名 病気

106 jump to conclusions　結論を急ぐ；早とちりする

We should never **jump to conclusions** about people.
人について判断するときは結論を急ぎすぎてはいけない。

★ 107 keep ～ from *doing*　～が…しないようにする

＊同じ形で、prevent、stop、banなどの動詞も同様の意味で使える。

The government stepped in to **keep** interest rates **from** ris**ing**.
政府は金利が上昇するのを抑えるために介入した。

- □ step in　～に介入する

108 keep in contact with　　〜と連絡を保つ

＊keepの代わりにstayも可。contactの代わりにtouchも使える。

Be sure to **keep in contact with** the supplier.
納入業者とは必ず連絡を取り続けてください。

□ supplier　名（部品）納入業者

109 keep on *doing*　　そのまま〜し続ける（= continue）

It's difficult to **keep on** work**ing** late into the evening.
夜遅くまで働き続けるのは厳しい。

110 keep one's word　　約束を守る

Our boss is an honest man who always **keeps his word**.
私たちの上司は必ず約束を守る誠実な人だ。

CD-1・Track 43

111 keep track of　　〜の経過を追う；〜をモニターする

Bob was told to **keep track of** the day's sales.
ボブはその日の売り上げを追いかけるように言われた。

112 kick off　　〜（試合・会議・仕事など）を始める（= start）

We'll **kick off** the campaign the day after tomorrow.
私たちは明後日からそのキャンペーンを始める。

113 long for　　〜を熱望する

After the long, cold winter, many of the employees were **longing for** a vacation.
長く寒い冬の後、多くの社員が休暇を心待ちにしていた。

114 look down on　〜を軽蔑する（= despise）

＊**look up to**（〜を尊敬する）

We should never **look down on** our colleagues for any reason.
どんな理由があろうとも、私たちは仕事仲間を見下してはいけない。

重 □ colleague　名 同僚；仕事仲間

115 look into　〜を調査する（= investigate）；〜に目を通す（= scan through）

After the break-in, the police said they'd **look into** the matter.
不法侵入が発生した後で、警察はその事件の調査をすると言った。

重 □ matter　名 問題；案件

116 look out for　〜に気を配る；〜の世話をする

Look out for dips in the road while driving.
ドライブしているときには路上のくぼみに注意してください。

重 □ dip　名 くぼみ；へこみ

117 look over　〜に目を通す（= scan through）

The manager **looked over** the papers before signing them.
課長は、署名する前にその書類に目を通した。

118 look to　〜をあてにする（= rely on）；〜に目を配る（= pay attention to）

We **look to** our distributor to get our goods out in time.
流通業者のおかげで、私たちは製品をタイミングよく発売することができる。

重 □ distributor　名 流通業者；卸売業者

119 look up to　〜を尊敬する（= respect）

Our CEO contributes to society so I really **look up to** him.
当社のCEOは社会に貢献しているので、私は彼のことをとても尊敬している。

120 lose sight of　　〜を見失う

* **catch sight of**（〜をちらりと見る；〜を見つける）

Don't **lose sight of** the task at hand.
目の前の仕事をおろそかにしないように。

- □ at hand　手元の（に）；間近の（に）

CD-1・Track 44

⭐ 121 make a difference　　影響を及ぼす；違いをもたらす

The NGO wants to **make a difference** when it comes to poverty.
貧困問題について、その非政府団体は力を発揮したいと望んでいる。

⭐ 122 make a toast　　乾杯の音頭を取る；乾杯する

* 「乾杯する」には**raise a glass**という言い方もある。

The vice president will **make a toast** to the CEO.
副社長がCEOを称える乾杯の音頭を取ります。

123 make ends meet　　生活の収支を合わせる；収入の範囲内で生活する

* make both ends meetとすることも。借金をせずに生活をすること。なお、このendsは月初と月末を表す。

In this weak economy it's hard to **make ends meet**.
不景気の昨今では、収入の範囲内で生活していくのが難しい。

124 make fun of　　〜をからかう（= tease）

Comedians love to **make fun of** politicians.
コメディアンたちは政治家をからかうのが好きだ。

- □ politician　名 政治家

125 make up
~を構成する（= constitute）；~を考え出す（= invent）；~を用意する（= prepare）

Steel **makes up** most of the structure.
その構造物は大半が鋼鉄でできている。

- □ structure 名 構造（物）

126 mark down
~を値下げする（= discount）

＊ **mark up**（~を値上げする）。

The grocery store **marked down** all its food items for a one-day sale.
その食料品店は1日限定セールのためにすべての食品を値下げした。

- □ grocery store 食料（雑貨）品店

127 meet the deadline
締め切りを守る

＊ set the deadline（締め切りを設定する）、extend the deadline（締め切りを延ばす）

We have a lot more to do and don't know if we'll **meet the deadline**.
しなければいけないことがたくさんあるので、私たちは締め切りに間に合うかどうかわからない。

128 move forward
前に進む

＊ 自動詞として用いて、目的語を続けるにはwithが必要。

It's time to **move forward** with the planned merger.
計画されている合併を進めるべきときだ。

129 move into
~に入居する；~に引っ越す

This weekend we'll **move into** our new home.
この週末に、私たちは新居に引っ越します。

130 move on　　　先へ進む

* move on to（〜へ移る）。Let's **move on to** the next subject.（次の話題に移りましょう）

The company was able to **move on** after the scandal.
会社はそのスキャンダルが収まった後、前進することができた。

CD-1・Track 45

131 move over　　　（席などを）詰める

Please **move over** so that I can sit down.
私が座れるように、席を詰めていただけますか。

132 never fail to　　　必ず〜する

Ms. Watson **never fails to** show up to the office on time.
ワトソンさんは必ず定刻に出社する。

■ □ show up　現れる

133 occur to　　　ふと〜の心に浮かぶ

When I reached the office, it **occurred to** me that I left my briefcase at home.
私はオフィスに着いたとき、ブリーフケースを家に置いてきたことに気づいた。

134 pass away　　　逝去する

* dieの婉曲表現。

The business was sold after the owner **passed away**.
オーナーが死去した後、その事業は売却された。

135 preside over　　　〜の議長を務める；〜を取り仕切る

Judge Henlan will **preside over** the court during the case.

ヘンラン判事がその裁判のあいだ法廷を取り仕切る。

- □ judge 名 判事
- □ court 名 裁判；法廷

136. pull out
（〜から）撤退する（= withdraw）；〜を引き出す（= extract）

＊ ビジネスでは、交渉などから「撤退する・手を引く」という意味でよく使う。

After long negotiations the company **pulled out** of the deal.
長い交渉の末、会社はその取引から手を引いた。

137. pull over
〜を停車させる；〜（車）を路肩に寄せる

The police officer **pulled over** the man for speeding.
警官はスピード違反だとしてその男の車を停めさせた。

- □ speeding 名 スピード違反

138. pull through
回復する（= recover）；〜（危機など）を切り抜ける（= get through）

He had a serious accident but the doctors said he'll **pull through**.
彼は大きな事故に遭ったが、医師たちは回復するだろうと言った。

- □ serious 形 深刻な；真剣な

139. range from A to B
AからBまでさまざまである

The students at our institution **range from** teenagers **to** adults.
当校の生徒はティーンエージャーから大人までさまざまです。

- □ institution 名 団体；機関

140. rob A of B
AからBを奪う（= deprive A of B）

The thieves **robbed** us **of** computers and petty cash.
泥棒連中は私たちのパソコンと小口現金を奪った。

- □ petty cash 小口現金（出金などのため経理が用意している少額の現金のこと）

CD-1・Track 46

141 run across　　〜に偶然出会う；〜を偶然見つける

Let me know if you **run across** the file that I'm looking for.
私が探しているファイルを見つけたら、教えてください。

⭐ 142 run errands　　使いに行く

＊ 名詞errandは「用足しに外に出かけること」。

Bobby's job is to **run errands** for the company.
ボビーの仕事は会社のお使いをすることです。

⭐ 143 run short of　　〜を使い切る；〜が不足する

We **ran short of** office supplies so I ordered more.
事務用品が少なくなっていたので、注文しておきました。

144 see if　　〜かどうか確かめる

See if Rick is available for a meeting next Friday.
来週の金曜日、リックが会議に出られるかどうか、確認してください。

⭐ 145 see to (it that)　　〜に注意する；〜を取りはからう

See to it that this document gets to our lawyer right away.
この書類がすぐに弁護士に届くように手配してください。

重 □ right away　すぐに

⭐ 146 sell out　　〜を売り切る

The show was **sold out** in an hour.
そのショー（のチケット）は1時間で売り切れた。

147 set about — ~に取りかかる (= begin)

We **set about** digitizing all our data last week.
私たちは先週、すべての自社データのデジタル化に着手した。

- □ digitize 動 ~をデジタル化する

148 set aside — ~を蓄えておく (= put aside, save)；~を破棄する (= revoke)

We **set aside** some of our profits for refurbishing the office.
私たちはオフィス改装のために利益の一部を取っておいた。

- □ refurbish 動 ~を改装する；~をリフォームする

149 set off — 出発する (= depart)；~の原因になる (= cause)

We **set off** for Asia to visit our subsidiary.
私たちは子会社を訪問するためにアジアに向かって出発した。

- □ subsidiary 名 子会社

150 settle down — （気持ちが）落ち着く；身を落ち着ける

We arrived in our new town last month and are starting to **settle down**.
先月、私たちは新しい街に越して、徐々に落ち着いてきています。

CD-1 · Track 47

151 show up — 現れる (= appear)

We waited for the guest of honor to **show up** before we started the dinner.
私たちは主賓が現れるのを待って、ディナーを始めた。

- □ guest of honor 主賓

LEVEL 2 動詞句 180

152 shut down
〜(操業など)を停止する；〜(工場など)を閉鎖する

The nuclear plant was **shut down** due to safety problems.
安全性の問題により、その原子力発電所は操業を停止した。

□ nuclear plant 原子力発電所

153 side with
〜を支持する (= support)

Most people **side with** the president on the issues.
それらの争点については、大多数の人々が大統領を支持している。

□ issue 名 (選挙などの) 争点

154 speak up
遠慮なく話す；声を大きくする

＊電話などで相手の声が小さくて聞こえにくいときにもよく使う。

If any of you have any suggestions, please **speak up**.
提案のある人がいれば、遠慮なく話してください。

155 speak well of
〜のことをよく言う；〜を褒める

＊**speak ill of**(〜のことを悪く言う)

The two leaders **spoke well of** each other.
指導者たち2人は互いを称え合った。

156 specialize in
〜を専門的に扱う；〜を専攻する

Lester Corp. **specializes in** human resource solutions for your business.
レスター社は、あなたの事業の人材ソリューションを専門的に扱う会社です。

157 split the bill
割り勘にする

＊**go halves**という言い方もある。

You're always picking up the tab so let's **split the bill** today.

あなたにはいつも勘定を持ってもらっているので、今日は割り勘にしましょう。

- □ pick up the tab　勘定を払う

158 stand by
〜を支援する (= support)；
〜に固守する (= adhere to)

The president **stood by** his decision to go ahead with the merger.
社長は合併を進めるという自らの決定にこだわり続けた。

- □ go ahead with　〜を進める　□ merger　名 合併

159 stand out
目立つ；傑出する

We need our display to **stand out** among all the others.
我々は自社の展示を他のものの中で目立つようにしなければならない。

- □ display　名 展示（品）

160 stick to
〜を堅持する (= adhere to)；
〜をし続ける (= continue *doing*)

Please **stick to** the original agenda.
当初の計画をそのまま進めるようにしてください。

- □ agenda　名 計画日程；（会議の）議題

CD-1・Track 48

161 stop by
（〜に）立ち寄る

Feel free to **stop by** any time to see our facilities.
いつでもご遠慮なく当社の施設の見学にお越しください。

- □ facility　名 施設

162 sum up
〜をまとめる (= summarize)；
〜（数字）を合計する (= totalize)

Please **sum up** your experience at our seminar.
私たちのセミナーで、あなたのご経験をまとめて話していただけませんか。

163 take after　　〜とそっくりである (= resemble)

He **takes after** his father in character.
彼は性格が父親とそっくりだ。

164 take effect　　（法律・薬などが）効力を発する

The new law will **take effect** at noon tomorrow.
その新しい法律は明日の正午から発効する。

165 take 〜 for granted　　〜を当然［真実・妥当］だと思いこむ

＊「あたりまえのこと、真実と思われることをきちんと評価しない」という意味。

We shouldn't **take** any market **for granted**.
どんな市場に対しても思い込みは禁物だ。

166 take notice of　　〜に気づく；〜に注目する

The tour group **took notice of** the beauty of the museum.
ツアー客たちはその博物館の美しさに目を見張った。

167 take pains　　苦労する

We **took** great **pains** to keep our new product launch a secret.
私たちは新製品の発売を秘密にしておくのにとても苦労した。

重　□ launch　名 発売　動 〜を発売する

168 take part in　　〜に参加する (= participate in)

The pharmaceutical company looked for young men to **take part in** clinical trials.
その医薬品会社は治験に参加してくれる若い男性を探した。

重　□ pharmaceutical　形 医薬品の　□ clinical trial　治験

169 take ~ seriously　〜を真剣に考える

* Don't **take** it **seriously**.（気にしないで）は相手を慰めるときの決まり文句。

We **take** Internet security **seriously**.
我々はネットの安全性を真剣に考えている。

170 take sides with　〜の側を支持する

It's best not to **take sides with** any nation in this conflict.
この紛争のどの当事国にも加担しないのが最良の選択である。

□ conflict　名 紛争

CD-1・Track 49

171 think twice　再考する；よく考える

The CEO **thought twice** about signing the merger agreement.
CEOは合併契約に調印することを再考した。

172 throw a party　パーティーを開く

* throwの代わりにholdも使う。

We **threw a** retirement **party** for the manager.
私たちは課長のために退職パーティーを開いた。

□ retirement　名 退職

173 throw away　〜を捨てる (= discard)；〜を無駄にする (= waste)

Please recycle the old newspapers instead of **throwing** them **away**.
古い新聞は廃棄するのではなく、再生しましょう。

□ recycle　動 〜を再生する；〜をリサイクルする

174. turn around
～を回復させる・回復する；
～を方向転換させる・方向転換する

＊ビジネスでは「赤字企業を建て直す」の意味でよく使う。名詞turnaroundは「業績の好転」。

The large conglomerate managed to **turn around** its profits last quarter.
その大手コングロマリットは前四半期にようやく利益が出せるところまで立ち直った。

□ conglomerate 名 複合企業；コングロマリット

175. turn in
～を提出する (= submit)

Please **turn in** the budget proposal this afternoon.
今日の午後、予算案を提出してください。

□ proposal 名 提案

176. turn out to *be*
～であることがわかる (= prove to *be*)

My latest investment **turned out to be** a wise one.
私の最新の投資は賢明なものであることがわかった。

177. turn up
現れる (= appear)；
起こる・生じる (= occur)

We can start the proceedings as soon as the lawyer **turns up**.
弁護士が出廷したらすぐに審理を始められます。

□ proceeding 名 手続き；審理

178. watch for
～を期待する；～を待つ；～に注意する

Watch for bright, sunny skies over the weekend across the region.
今週末は、この地方全域で陽光の降り注ぐ快晴が期待できます。

□ across the region その地域全体で

179 wind up
〜を終わらせる (= finish);
(in 〜) 結果的に〜となる (= end up in)

＊ もともと「(時計などを) 巻き上げる」の意。wind up in (結果的に〜となる) では、If you spend too much, you'll **wind up in** debt. (出費がすぎると、借金をする羽目になるよ) のように使う。

Hopefully we can **wind up** this project by next week.
うまくいけば、我々は来週までにこのプロジェクトを終えられます。

180 ⭐ wrap up
〜を終わりにする (= finish);
〜を完成させる (= complete)

＊ 他に「厚着をする (= bundle up)」の意味もある。

Let's **wrap up** this meeting and go to work.
この会議は切り上げて、仕事に戻りましょう。

基本動詞の使い方① have

●コア概念
主体的に「持つ」という行為だけでなく、状況的に何かと「一緒にある」ことも表す。ここから、「建物に浴室がある」など、モノに何らかの属性・特徴がある場合にも使う。

●意味の広がり
- 持つ → I **have** three sisters. (私には3人の姉妹がいる)
- 含む → My apartment **has** two bathrooms. (私のマンションには浴室が2つある)
- 苦しむ → **have** a headache (頭が痛い)
- 飲食する → **have** dinner (夕食をとる)
- 受ける → **have** a phone call (電話を受ける)
- 経験する → **have** a job interview (面接を受ける)

●重要な結びつき
have fun (楽しむ) **have** luck (ツイている)
have a good time (楽しい時を過ごす) **have** a chat (おしゃべりをする)
have patience (がまんする) **have** an eye for (〜を見る目がある)
have a feeling for (〜のセンスがある)

LEVEL 2 ── イディオム120

CD-1・Track 50

1. a pile of — 山のような〜

* pileは「仕事・書類などの山」の意。

I have **a pile of** documents I have to look over.
私には目を通さなければならない書類が山のようにある。

2. a wide range of — 多くの種類の〜；幅広い〜

We offer **a wide range of** brands at our retail outlets.
私たちは自社の小売店に幅広いブランドを取りそろえています。

- □ retail outlet　小売店

3. across the board — 全面的に；すべてにわたって

* across-the-board（全面的な）で形容詞としても使える。**across-the-board** ruling（一律の規制）。

The boss told us we need to cut operating costs **across the board**.
社長は私たちに、営業経費を全面的に削減する必要があると言った。

- □ operating costs　営業経費；運営経費

4. all at once — いっせいに；突然

* **all of a sudden**も同意。

The crowd converged onto the city square **all at once**.
群衆はいっせいに市の広場になだれこんだ。

- □ converge　動 一点に集まる；合流する

5 all but

ほとんど (= very nearly)；
〜を除いてすべて (= all except)

＊形容詞を続ければ、例文のようにvery nearlyやalmostの意味。名詞が続けば「〜を除いてすべて」の意。**All but** the executives will receive the bonus.（取締役を除く全員がボーナスを支給される）

The design is **all but** functional.
この設計は機能的なものと言っていい。

- □ functional 形 機能的な

6 along with

〜とともに；〜と一緒に

We handed out pamphlets **along with** samples of our skin care line.
私たちは、スキンケア商品の試供品と一緒にパンフレットを配った。

- □ hand out 〜を配る
- □ line 名 商品ライン

7 around the clock

24時間ずっと；一日中

＊ **around the globe [world]**（世界中で）

The staff worked **around the clock** to get ready for the sales campaign.
スタッフは販売キャンペーンの準備をするために24時間態勢で働いた。

8 as follows

次の通りで

＊ **as below** も同じ意味で使える。

Please run the machine **as follows**.
この機械は次に示すように操作してください。

9. as is — (不動産・商品が) 現況のままで

* **as it is**には「現状のままで」の意味のほか、文をつないで「ところが実際は」の用法がある。

The recycle shop will take your old appliances **as is**.
そのリサイクル店は古い家電製品を現況のままで引き取ってくれる。

- □ appliance 名 家電製品

10. as scheduled — 予定通りに

All flights will depart **as scheduled**.
すべてのフライトは予定通り出発します。

- □ depart 動 出発する

CD-1・Track 51

11. as yet — まだ~ない

We haven't received a reply **as yet**.
私たちはまだ返事を受け取っていません。

12. at all costs — いかなる代価を払っても;ぜひとも

We must do the best job we can **at all costs**.
我々は何としてもできる限り最高の仕事をしなければならない。

13. at hand — 間近に迫った[って];手近の[に]

* 「時間的に近くの[に]」のほか、「空間的に近くの[に]」の意味でも使う。例文では、the matterをat handが後ろから修飾している。

Let's discuss the matter **at hand**.
当面の問題について話し合いましょう。

14. at length
詳細に（= in detail）；
ついに（= eventually）

The boss talked to the press **at length** about the acquisition.
社長はその買収案件についてマスコミに詳しく話した。

15. at one's disposal
〜の好きなように；〜の思いのままに

＊名詞disposalには「自由に使えること；裁量権」の意がある。

We have every modern convenience **at our disposal** at the hotel.
私たちはそのホテルで、現代の便利な設備を思う存分利用することができる。

16. at random
（選び方などが）無作為に

The seminar attendees were chosen **at random** to participate in the workshop.
ワークショップへの参加者はそのセミナーの出席者から無作為に選ばれた。

□ attendee　名 出席者

17. at risk
危険な状態で

＊ **in danger**、**in jeopardy**が類義のイディオム。

If you don't pay your loan, you are **at risk** for foreclosure.
ローンをご返済いただけない場合には、差し押さえを受ける恐れがあります。

□ foreclosure　名 差し押さえ；担保権執行

18. at the cost of
〜を費やして；〜を犠牲にして

＊ **at the price of**も同様の意味。

We shouldn't consider development **at the cost of** the environment.
我々は環境を犠牲にしてまで開発を計画してはいけない。

19 at the expense of — ～を費やして；～を犠牲にして

We shouldn't act **at the expense of** others.
私たちは他人に犠牲を強いるような行動をすべきではない。

20 at the rate of — ～の比率で；～の料金で；～の速度で

＊ **at any rate**（何が起ころうと；とにかく）

Our salaries increase **at the rate of** 100 dollars per year.
私たちの給与は年100ドルの比率で上昇する。

- □ increase 動 上昇する；増える

CD-1・Track 52

21 behind schedule — 予定より遅れて

＊ **ahead of schedule**（予定より早く）、**on schedule**（予定通りに）

We are currently **behind schedule** with all our shipments.
現在、私たちは発送業務がすべて予定よりも遅れている。

- □ currently 副 目下のところ　□ shipment 名 発送（品）

22 behind the scenes — 舞台裏で；秘かに

Many people don't know what goes on **behind the scenes** at our plant.
私たちの工場で人目に触れずに何が進行しているか、多くの人は知らない。

★23 bottom line — 最も重要なこと (= main point)；最終損益

＊「損益計算書の最終行（純利益・純損失）」から、「一番重要なこと」を指すようになった。

The **bottom line** is that we have to finish this construction on time.
最も重要なことは、我々がこの建設事業を期日に完成させなければならないということだ。

114

24 ⭐ by accident — 偶然に

* **by chance** も同意。反対の意味のイディオムは **on purpose**（意図的に）。

I ran into my boss on the street **by accident**.
私は偶然、通りで上司に会った。

重 □ run into 〜に偶然会う

25 ⭐ by all means — 万難を排して；ぜひとも

* **by no means**（決して〜ない）

By all means, please visit us when you come to town.
こちらにいらしたら、ぜひ私たちをお訪ねください。

26 by and large — 全体的に；概して

* **in general** と同意。

This machine is **by and large** better than our old one.
この機械は全体的に旧機種よりも優れている。

27 by degrees — 徐々に (= gradually)；少しずつ (= little by little)

The economy seems to be declining **by degrees**.
経済は徐々に下降しているようだ。

重 □ decline 動 下落する；断る

28 by far — 圧倒的に；間違いなく

Our insurance plans are **by far** your best choice for protection.
当社の保険は補償においては間違いなく最高のものです。

重 □ protection 名 保護

LEVEL 2 イディオム120

29 by nature　　　生来；生まれつき

Tom is good with numbers and seems to be an accountant **by nature**.
トムは数字に強く、生来の会計士のようである。

- □ accountant　名 会計士

30 by no means　　　決して〜ない

By no means will we downsize our staff in this bad economy.
現在のような不景気のときにも、我々は決してスタッフを削減しない。

- □ downsize　動 〜を削減する；〜を小型化する

CD-1・Track 53

31 by turns　　　交互に (= one after the other)

My boss is **by turns** aggressive and calm.
私の上司は攻撃的になったり、穏やかになったりする。

- □ aggressive　形 攻撃的な；活動的な　□ calm　形 冷静な；落ち着いた

32 by virtue of　　　〜のおかげで (= thanks to)；〜の理由で (= because of)

He is rich **by virtue of** his wealthy parents.
彼は裕福な両親のおかげで金持ちである。

- □ wealthy　形 裕福な

33 by way of　　　〜を手段として (= by means of)；〜を経由して (= via)

＊「〜を経由して」の意味では、This plane will go to New York **by way of** Tokyo.（本機は東京経由ニューヨーク行きです）。

Buying a house **by way of** a long-term loan is easy these days.
最近では、長期ローンで家を購入することが簡単にできる。

34 down to earth
実際的な (= practical, realistic)

Rita is always friendly and **down to earth**.
リタはいつも親切で実際的だ。

⭐ 35 either way
いずれにせよ；どちらにしても

Give us a call **either way** and let us know whether or not you'd like to join us.
いずれにしても電話で、私たちに参加するかどうか知らせてください。

36 every inch
隅から隅まで；徹頭徹尾

＊例文のように名詞として使うほか、He is **every inch** the businessman.（彼は頭の先から爪先までビジネスマンだ）のように副詞としても使える。

Please read **every inch** of the document.
その書類を隅から隅まで読んでください。

⭐ 37 for a change
気分転換に；趣向を変えて

Let's eat lunch somewhere else **for a change**.
気分を変えて、別の店で昼食を取りましょう。

38 for ages
長い間 (= for a long time)

＊ageという言葉を使っているが、必ずしも年単位の長さでなく、（主観的に長いと思えば）数時間、数十分という場合でも使える。

I haven't seen my cousin **for ages** so I hope he's well.
長い間いとこには会っていないので、彼が健在であればいいと思います。

39 for good
永久に (= forever)

We had a going-away party for a colleague who is leaving the country **for good**.
私たちは国を永久に離れてしまう同僚のために送別会を開いた。

重 □ going-away party 送別会

40 for one thing   1つの理由には；一例を挙げると

For one thing, we don't have the resources to begin the construction.
1つには、我々にはその建設事業を始める資金がありません。

- □ resource　名 資金；資源

CD-1・Track 54

41 for the purpose of   ～を目的として

We conducted a survey **for the purpose of** finding our target market.
我々は自社のターゲット市場を見つけるために調査を行った。

- □ conduct　動 ～を実施する；～を行う　□ survey　名 調査

★ 42 free of   ～（税金・料金・障害など）を免除されている

＊ **free of** charge（無料で）、**free of** tax（無税で）

We are offering our services **free of** charge today only.
本日に限り当社のサービスを無料で提供いたします。

★ 43 from ~ point of view   ～の視点から

From the client's **point of view**, the labor is too expensive.
顧客の視点から見れば、労務にコストがかかりすぎている。

44 in a row   一列に並んで（= in line）；連続して（= consecutively）

Please place all the desks **in a row**.
机をぜんぶ一列に並べてください。

45 in a word   ひと言で言うと

In a word, I would say I am grateful.

ひと言、感謝していると申し上げたい。

- □ grateful　形 感謝している

46 in accordance with　〜（規則など）に従って；〜（状況など）に合わせて

We must run the factory **in accordance with** safety standards.
我々は、安全規準に従って工場を運営しなければならない。

47 in any case　どんな場合でも；とにかく

We will do business with them, **in any case**.
とにかく、私たちは彼らと一緒に仕事をするつもりです。

48 in between　（2つのものの）中間にあって

＊ **in between** jobs なら「仕事と仕事の間にあって」→「失業中で」。

Mr. Sanders is **in between** jobs right now.
今、サンダーズさんは失業中です。

49 in brief　簡潔に；要するに（= in short）

Let me introduce my company **in brief**.
弊社について簡単に紹介させてください。

50 in bulk　大口で（= in large quantities）；（貨物などが）ばらで（= not packaged）

We get a 30 percent discount if we buy our supplies **in bulk**.
消耗品をまとめて購入する場合には、私たちは30パーセントの割引を受けられる。

LEVEL 2　イディオム120

CD-1 · Track 55

51 in connection with 〜に関連して

A man was charged today **in connection with** the crime.
今日、その犯罪との関連で1人の男が訴えられた。

□ charge 動 〜を起訴する；〜を非難する　□ crime 名 犯罪

52 in contrast to 〜とは対照的に

＊in contrastとして、前文を受け「一方；それとは対照的に」という意味で文頭でよく使う。

In contrast to our CEO, our CFO works long hours.
最高経営責任者とは対照的に、最高財務責任者は長時間働く。

33 in dire need of 緊急に〜の必要があって

＊形容詞direは「急を要する；極度の」の意。in need ofの形でも使える。

Our office is **in dire need of** a makeover.
当社のオフィスはすぐにも改装をする必要がある。

□ makeover 名 改装

54 in effect 有効で (= effective)；実質的には (= practically)

The agreement will be **in effect** by noon tomorrow.
この合意書は明日の正午まで効力がある。

55 in excess of 〜を上回って (= exceeding)

＊名詞excessは「過度；超過（分）」の意。形容詞はexcessive（度を超えた）。

Business expenses **in excess of** 500 dollars require management approval.
500ドルを超える経費については上司の承認が必要です。

□ approval 名 承認

56 in fashion
流行して (= in vogue)

＊ **out of fashion**（流行遅れで）

Long boots are **in fashion** this winter season.
この冬はロングブーツが流行です。

57 in full
全部；略さずに

Please make payment **in full** by the 15th of this month.
今月の15日までに全額をお支払いください。

58 in good shape
体調・状態が良好で

＊ **in bad shape**（体調・状態が悪くて）

The manufacturer has had profits and is **in good shape** this quarter.
今四半期、そのメーカーは利益を確保して、好調である。

重 □ manufacturer 名 製造業者；メーカー

59 in haste
急いで；あわてて

＊ **in a hurry**、**in a rush**が類義のイディオム。

This project is important and should not be done **in haste**.
このプロジェクトは重要なので、拙速に進めるべきではない。

60 in (the) light of
〜を考慮すると (= taking into account)；〜の観点から (= in view of)

In light of the recent economic news, we will make cutbacks.
最近の経済ニュースから判断して、我々は合理化を進めるつもりだ。

重 □ cutback 名 削減；合理化

CD-1・Track 56

61 in line with
〜と合わせて；〜と合致して

* **in line**（一列に；調和して）

We are redesigning our product **in line with** current trends.
当社は現在のトレンドに添うように、自社製品を設計し直している。

62 in operation
操業中で；活動中で

* **out of operation**（操業・活動休止中で）

Is the plant **in operation** these days?
現在、その工場は操業していますか。

63 in order
正常に作動中で（= in working order）；適切で（= appropriate）；順番に（= in sequence）

The vending machine is now **in order**.
その自動販売機は今正常に作動している。

- □ vending machine　自動販売機

64 in particular
特に（= particularly, especially）；具体的には

* **nothing in particular**（特に何も〜ない）

There is nothing **in particular** on the agenda today.
今日は、議題にすべきことは特に何もありません。

65 in person
（本人が）直接に；じかに

The client would like to meet with you **in person**.
クライアントはあなたに直接お会いすることを望んでいます。

66 in place of
〜の代わりに；〜の代理で

* **in place**（適当な位置に；準備が整って；実施されて）

Mr. Nelson was assigned the account **in place of** Mr. Reyes.

ネルソンさんはレイエスさんの代わりにその顧客の担当に指名された。

- □ assign　動 割り当てる；任命する

67 in progress　進行中で (= under way)

＊名詞progressは「進行；進歩」の意。

The concert hall construction is a work **in progress**.
そのコンサートホールの建設は目下進行中の仕事である。

68 in question　問題になって (= in doubt)；話している件の (= under discussion)

＊「話している件の」の意味では、the project **in question**（話題となっているプロジェクト）、the item **in question**（お問い合わせの商品）のように名詞を後ろから修飾する。

The company's ethics are **in question**.
その企業の倫理が問題になっている。

- □ ethics　名 倫理

69 in response to　～に応えて

I'm writing **in response to** your ad in the paper.
御社の新聞広告を見て書いています。

- □ (the) paper　名 新聞

70 in search of　～を求めて；～を探して

＊名詞searchは「調査；探求」の意。**in pursuit of**が類義イディオム。

We are always **in search of** new ways to improve our relationship with our customers.
私たちはいつも顧客との関係を進展させる新しい方策を探している。

- □ improve　動 ～を改善する　　□ relationship　名 関係

CD-1 · Track 57

71 in style　　　流行の；盛大に

＊in grand style（盛大に；豪勢に）という言い方もある。

The magazine listed the hottest items that are **in style** now.
その雑誌は今流行している人気商品を載せていた。

重 □ hot　形 人気の

72 in the event of　　　〜の場合には

The company picnic will be cancelled **in the event of** rain.
雨天の場合、会社のピクニックは中止となります。

73 in time for　　　〜に間に合って

＊in timeは「間に合って」で、on time、on scheduleもほぼ同意。

Will you finish **in time for** the dinner party tonight?
今夜のディナー・パーティーに間に合うように仕事を終えてくださいね。

74 just around the corner　　　すぐ近くに；間近に迫って

＊空間的・時間的に「すぐ近くに」の意。justなしでも使える。

The deadline for the work is **just around the corner**.
この仕事の納期はもうすぐです。

75 just in case　　　念のため；万が一のために

We should make several copies of the agreement, **just in case**.
念のため、私たちはその契約書のコピーを数枚とっておいたほうがいい。

76 later on　　　後で（= afterward）

Let's meet **later on** and discuss the plan.
後で会って、その計画について話し合いましょう。

124

77 let alone　　～は言うまでもなく；～はおろか

* **let ～ alone**で、「～を放っておく；～をそっとしておく」の意。**Let me alone** for a while.（しばらくひとりにしておいて）

We don't have time to go to dinner **let alone** leave the office.
私たちは夕食に行く時間もなく、帰社することなどもちろんできない。

78 more often than not　　たいてい；しばしば

This area gets rain **more often than not** in the winter.
この地域は冬にはよく雨が降る。

79 needless to say　　言うまでもなく（= of course）

Needless to say, the bad economy has increased the cost of living.
言うまでもないことだが、経済の悪化により生活コストが増えてしまった。

重 □ cost of living　生活費

★ 80 no further than　　～より遠くならずに；～以外…ない

* look **no further than**（～以外探さなくていい）は広告でよく使う言い回し。

The post office is **no further than** one block.
郵便局はここから1ブロックほどのところです。

CD-1・Track 58

81 no later than　　～より遅くならずに；～までに

* 期限を示す前置詞byと同様の意味。

Get this document back to me **no later than** Friday.
金曜までにこの書類を私のほうに戻してください。

LEVEL 2　イディオム120

82. no sooner ~ than ... ～するとすぐに…

No sooner did I arrive at work **than** I saw my desk loaded with files.
オフィスに着くとすぐに、デスクがファイルの山になっているのがわかった。

- □ be loaded with ～でいっぱいである

83. not to mention ～は言うまでもなく (= to say nothing of)；～はさておき (= aside from)

To invest in that stock would be expensive, **not to mention** risky.
その株式に投資するのは、危険度が高いのはもちろん、コストもかかりそうだ。

- □ risky 形 危険な；リスクのある

84. ★ nothing but ただ～だけ

The customers had **nothing but** good things to say about our service.
顧客が当社のサービスについて話す内容には良いこと以外はなかった。

85. off the mark 的はずれの (= inaccurate)

＊ **wide of the mark** も同様の意味（この of は分離を表す）。反意語は **on the mark**（的を射て；正確で）。

The analyst was **off the mark** in his predictions about the economic situation.
そのアナリストは経済状況についての予測が外れていた。

- □ prediction 名 予測

86. ★ on hand 居合わせて (= present)；手元に (= nearby)

＊「時間的・距離的に近くにある」という意味。

The President was **on hand** to deliver a speech.
大統領はスピーチをするために待機していた。

■ □ deliver a speech　スピーチをする

87 on hold
保留にされて；(商品が) 取り置きで；(電話が) つながったまま

＊ **put ～ on hold** で「～を保留にする」。

Because of the recession, our new project has been put **on hold**.
景気後退のため、我々の新規プロジェクトは棚上げにされている。

88 on second thought
よく考えると；やっぱり

On second thought, I'd like to go to that new café for dinner.
やっぱり私は夕食にはあの新しいカフェに行きたいです。

★ 89 on the grounds that
～という理由で

＊ 名詞を続ける場合にはon the grounds ofとする。

Mr. Cross sued the company **on the grounds that** he was unfairly dismissed.
クロスさんは不公正に解雇されたとして、その会社を訴えた。

■ □ sue　動 ～を訴える；訴訟を起こす　　□ unfairly　副 不公正に
□ dismiss　動 ～を解雇する

90 on top of
～に加えて (= in addition to)；～を掌握して (= in control of)；～の上に

There are additional costs **on top of** the basic rate.
基本料金のほかに追加経費がかかります。

■ □ additional　形 追加の　　□ rate　名 料金

CD-1・Track 59

★ 91 once and for all
これを最後に；きっぱりと

Let's end this argument **once and for all**.
この議論はこれできっぱりと終わりにしましょう。

■ □ argument　名 議論

92 ⭐ once in a while　　時々

* at times、from time to time、now and thenが同意のイディオム。

Ms. Ford likes to travel to an island **once in a while**.
フォードさんは、時々は島に旅行に行きたいと思う。

93 or so　　〜くらい

* 時間や数字などをぼかして言うときに使う。

Let's meet in an hour **or so** and go over the plan.
1時間後くらいに落ち合って、その計画を検討しましょう。

94 or something　　〜か何か

* 相手に選択の余地を残すなど、対象を限定するのを避けるときに使う。

Could I get you a coffee **or something**?
コーヒーでもお出ししましょうか。

95 ⭐ out of control　　制御不能で；手に負えない

* **under control**（制御されて）

The car slid across the slippery road and was **out of control**.
車は滑りやすい路上でスリップして、制御が効かなくなった。

96 out of service　　運転休止中で；閉店中で

* 工場は**out of operation**を使う。

This gas pump is **out of service**.
この給油ポンプは運転休止中です。

97 out of the question　　話にならない；論外で

To ask for a raise now would be **out of the question**.
今の時期に昇給を求めるなど論外でしょう。

重　☐ ask for　〜を求める　　　　☐ raise　名 昇給

98. over and over again 何度も繰り返して

The boss made us view the presentation **over and over again**.
社長はそのプレゼンを私たちに何度も繰り返し見せた。

⭐ 99. quite a few かなりの数の～

＊数が多いことを示すことに注意。**quite a bit**、**quite a little**は「かなりの量の～」という意味の用法。

We had **quite a few** inquiries about our services.
私たちは自社のサービスについてかなりの数の問い合わせを受けた。

重 □ inquiry 名 問い合わせ

100. quite a while かなり長い間

I haven't been to that restaurant in **quite a while**.
私はそのレストランにしばらく行っていない。

CD-1・Track 60

101. safe and sound 無事に

Even though there was a terrible storm, the children got home **safe and sound**.
ひどい嵐だったけれども、子供たちは無事に家に帰った。

⭐ 102. scores of 多数の～；たくさんの～

＊a large number [amount] ofの意で、数・量のどちらにも使える。

Scores of teenagers lined up outside the store to buy the new computer game.
新しいコンピュータゲームを買うために、店の外にはたくさんのティーンエージャーが列をなしていた。

重 □ line up 列をつくる

103 — so to speak   いわば

The CEO's presentation was our ace in the hole, **so to speak**.
CEOのプレゼンは、いわば最後の切り札だった。

- □ ace in the hole   最後の切り札

104 — something of   ちょっとした〜；いくぶん〜である

* to some degreeの意。

Our CEO is **something of** a celebrity in this city.
当社のCEOはこの街ではちょっとした有名人だ。

- □ celebrity   名 有名人；セレブ

105 — to date   今までずっと

* so far、till nowなどと同様の意味。**up to date**なら「最新の；今流行している」の意。

We haven't had any complaints about our product **to date**.
私たちは当社製品について今までクレームを受けたことがない。

- □ complaint   名 苦情；クレーム

106 — to make matters worse   さらに悪いことには

I was just laid off, and **to make matters worse**, I don't have any savings.
私は解雇されて、さらに悪いことには、貯金がまったくない。

107 — to tell the truth   実を言うと (= to be frank)

To tell the truth, I don't know what to do about my career.
実のところ、自分の仕事をどうすればいいのかわからない。

108 under consideration　考慮中で

* under consideration for で「～のことを検討中で」。

Mr. Gupta is **under consideration** for the management position.
グプタさんを管理職ポストに就けることが検討されている。

109 under control　きちんと管理されて；制御されて

* **out of control**（制御できずに）

There was a flood in the building but now it's **under control**.
このビルには洪水が押し寄せたが、今では復旧している。

- □ flood　名 洪水

110 under repair　修理中で；復旧中で

The road is **under repair** and is temporarily closed.
その道路は補修中で、一時的に閉鎖されている。

- □ temporarily　副 一時的に

CD-1・Track 61

111 under review　検討中で；調査されて

All employees' job performances are **under review**.
全社員の業務実績が評価の対象になっている。

- □ performance　名 業績；実績

112 under the weather　体調がよくない

*「悪天候の下、船酔いして気分が悪くなる」が原意。

Sheila has been **under the weather** so she didn't come into work today.
シェイラは体調がよくなかったので、今日は出勤しなかった。

131

113 up against
〜（問題など）に直面して；〜に向かって

＊「〜に向かって」の意味では、Please put the desk **up against** the wall.（その机を壁に向かって置いてください）のように使う。

We didn't know what we were **up against** when we took on the big account.
その大口顧客を獲得したときには、私たちは自分たちが何を目の当たりにしているのかわからなかった。

114 up in the air
未決定で（= unresolved）

We'd like to get started on the work but budget problems have left it **up in the air**.
私たちはその仕事を始めたいのだが、予算の問題によりそれは宙に浮いたままになっている。

115 upside down
逆さまに

Turn the paper **upside down** before you insert it into the machine.
紙は上下逆さまにして、この機械に入れてください。

- □ insert 動 〜を差し込む

116 way too
あまりにも

＊副詞wayには「とても；ずっと」という強調の用法がある。**way** ahead（ずっと先に）、**way** cool（超カッコいい）などのように使える。

The quote was **way too** expensive.
その見積もりはあまりにも高すぎた。

- □ quote (= quotation) 名 見積もり

117 when it comes to　〜については；〜の話になると

James is talented **when it comes to** sports.
スポーツについてなら、ジェームズは才能がありますね。

重　□ talented　形 才能がある

118 with reference to　〜に関連して (= in relation to)

＊ **in reference to** という言い方もある。

We will discuss economic policy **with reference to** China.
我々は中国との関連において経済政策を話し合う。

119 without fail　必ず；確実に

＊ without exception、regularly が類語。

Ms. Horne shows up for work early every day **without fail**.
ホーンさんは必ず毎日早く出社する。

120 without notice　通告なしで

＊ without prior notice（事前通告なしで）もよく使う。

He was laid off **without notice**.
彼は通告なしで解雇された。

基本動詞の使い方② give

●コア概念
「人に何かを与える・持たせる」が基本の意味で、「提供する」「手渡す」という具体的なモノの移動をはじめ、「許可する」「(結果を)もたらす」「(権利などを)放棄する」など抽象的なものを移動する行為にも使える。

●意味の広がり
- ・贈る → give her a present (彼女にプレゼントを贈る)
- ・送る → give him a message (彼にメッセージを送る)
- ・実行する → give the table a polish (テーブルを磨く)
- ・見せる → This brochure gives our company's profile.
  (このパンフレットは弊社の概要を紹介しています)
- ・言う・発する → give a shout (叫びを上げる)

●重要な結びつき
- give it a try (試す)
- give a lecture (講義をする)
- give an example (例を挙げる)
- give someone a hand (人を手伝う)
- give a party (パーティーを開く)
- give birth (出産する)

基本動詞の使い方③ get

●コア概念
giveとは逆に「持つようになる」が基本概念で、「獲得する」という主体的な行為にも使うが、「(手紙などを)受け取る」のように結果的に持つという場合にも使える。takeほど主体性の強い動詞ではない。

●意味の広がり
- ・獲得する → Where did you get that shirt?
  (そのシャツはどこで買ったの？)
- ・受け取る → get an e-mail message (メールを受け取る)
- ・稼ぐ → get over $100,000 a year (年に10万ドル以上の収入がある)
- ・経験する → get a hangover (二日酔いになる)
- ・〜になる → It's getting dark. (暗くなってきました)

●重要な結びつき
- get going (出発する；取りかかる)
- get fired (解雇される)
- get a pay raise (昇給する)
- get married (結婚する)
- get one's hair cut (髪を切る)
- I got it. (わかりました)

LEVEL 3

TOEIC得点アップに役立つ重要200熟語

目標 ▶ **860**点

動詞句：120 ………… p.136
イディオム：80 ……… p.160

LEVEL 3 — 動詞句120

CD-2 · Track 2

1. abstain from — ～を控える；～を節制する

* 動詞abstainは「控える；自制する」の意。**refrain from**が同意のイディオム。

The country **abstained from** voting on the UN resolution.
その国は国連決議への投票を差し控えた。

重 □ resolution 名 決定；決議

2. answer for — ～の責任を負う (= be responsible for)

The shipping company had to **answer for** the broken merchandise.
その船会社は破損した商品に責任を負わなければならなかった。

重 □ merchandise 名 商品

3. ask out — ～をデートに誘う；～を招待する

* 「デートに誘う」はask ～ for a dateでもいい。

David decided to **ask** Linda **out** to dinner.
デイビッドはリンダを夕食に誘うことを心に決めた。

4. be adept at — ～に熟達している (= be proficient in)

Ms. Wallace **is** very **adept at** using spreadsheet software.
ウォレスさんは表計算ソフトを使うのがとてもうまい。

重 □ spreadsheet 名 表計算（ソフト）

5. be allergic to — ～にアレルギーがある；～がとても嫌いである

Maria **is allergic to** certain types of food.

マリアはある種類の食べ物にアレルギーがある。

6 be booked solid　　予約でいっぱいである

* bookは「予約する」、solidは「切れ目なく」の意。ホテルなどの予約がいっぱいであるときに使う決まり文句。

The hotel we wanted to stay at **was booked solid**.
私たちが滞在したかったホテルは予約でいっぱいだった。

7 be consistent with　　～に一貫性のある；～と矛盾しない

* 形容詞consistentは「(言行などが) 一致している；一貫性のある」の意。

We chose this restaurant because they **are consistent with** their service.
私たちは、サービスがいつもしっかりしているという理由でこのレストランを選んだ。

8 be cut out to *be*　　～に適している；～の素質がある

Catherine realized she **was** not **cut out to be** a systems engineer so she quit.
キャサリンは自分がシステムエンジニアには向いていないとわかったので、辞職した。

- □ realize 動 ～を理解する
- □ quit 動 (会社などを) 辞める；(習慣などを) やめる

9 be derived from　　～に由来する；～から引き出される

* deriveは他動詞で「(本源から) 引き出す」の意。自動詞として「～に (from) 由来する」の意でも使える。His fortune **derives from** his father's inheritance.(彼の富は父親の遺産からのものだ)。

Our products **are derived from** only the purest ingredients.
当社の製品は最高度に純粋な素材のみから作られています。

- □ ingredient 名 材料；素材

LEVEL3 動詞句120

137

10 ★ be exempt from　　～を免除されている

* 形容詞exemptは「(責任・課税などを) 免除された」の意。exemptは動詞としても「免除する」の意で使う。exempt A from B (Aに対してBを免除する)。

No one **is exempt from** paying taxes.
だれも税金の支払いを免れない。

CD-2・Track 3

11 be headed for　　～(特定の方向)に向かう

* 能動態でhead forでも同様の意味で使える。She was **heading for** the exit. (彼女は出口のほうに向かっていた)

If you buy that stock, you **are headed for** a fall.
その株を買うのなら、暴落が待っているだけですよ。

12 be in for　　～(天候・トラブルなど嫌なこと)を受けることは必至である

If we don't pay our debts we**'re in for** trouble.
借入金を返済しないと、我々はトラブルに見舞われる。

13 be mindful of　　～に気を配る；～を心に留める

Please **be mindful of** errors when drawing up the papers.
その書類を書き上げるときにはミスをしないよう注意してください。

□ draw up　(文書などを) 作成する

14 ★ be poised to do　　～の用意ができている (= be ready to do)

Nick has worked here many years and **is poised to** take over the general manager's position.
ニックはこの会社で何年も働いていて、ゼネラルマネジャーのポストを引き継ぐ準備ができている。

□ take over　～を引き継ぐ

15 be prone to
〜の［〜する］傾向がある
(= be liable to, be inclined to)

＊ toの後は動詞でも名詞でも可能。

Certain industries **are prone to** bankruptcy.
ある種の業界は倒産しやすい。

- □ bankruptcy　名 倒産

16 be stuck in traffic
交通渋滞に巻き込まれて

＊ be stuck withは「〜から逃れられない；〜の責任を負う」の意の表現。**I'm still stuck with** the plan.（私はまだその計画にこだわっている）

Mr. Tian **was stuck in traffic** and arrived late to work.
ティアンさんは交通渋滞に巻き込まれ、仕事に遅れた。

17 be suited for
〜にふさわしい；〜に適任である

I think Paula Daly **is** best **suited for** the supervisor position.
主任のポストにはポーラ・デイリーが最適任だと思います。

18 be tied up with
〜にかかりきりである；
〜と結びついている

I'll **be tied up with** work all day and won't be able to make the party.
私は一日中仕事にかかりきりになるので、そのパーティーには出られないでしょう。

19 be true of
〜に当てはまる

The characteristics you mentioned **are true of** my boss.
あなたが言った特徴は私の上司に当てはまります。

- □ characteristics　名 性格；特徴

LEVEL 3 動詞句 120

20. bear fruit
（努力が）実を結ぶ；成果をもたらす

*「(植物に) 実がなる」が原意。

Our plans finally started to **bear fruit**.
私たちの計画がついに実を結び始めた。

CD-2・Track 4

21. boil down to
要するに～となる；～に帰着する

Our service **boils down to** the friendliness of our staff.
我々のサービスはつまるところ、スタッフの親切さに尽きる。

22. break ground
着工する；新事業を始める；（新分野を）開拓する

*工事のため「地ならしをする」が原意。「(新分野を) 開拓する」にはbreak new groundという言い方もある。

Virtus, Inc. is **breaking ground** in the tech industry.
バーティス社はハイテク業界で足場を築いている。

⭐ 23. bring about
～をもたらす；～を引き起こす

*cause、give rise toが類義語。

New regulations **brought about** change in the industry.
新しい規制がその業界に変化をもたらした。

重 □ regulation 名 規制

24. bring home
～を痛感させる［納得させる］；～をもたらす

*bring A home to Bで「BにAを痛感させる」。

Carla made a presentation to **bring home** her point.
カーラは自分の主張をはっきりと示すプレゼンをした。

25. bring together
～を集める；～を結びつける

We're going to **bring together** our brightest minds to work

on the plan.
我々はその計画に取り組むために、最高の頭脳を集めようとしている。

26 bundle up　　　　（暖かくするために）厚着をする

＊天気予報や天気の話題でよく使う。動詞bundleは「束ねる；まとめる」の意。

It's cold out there today so be sure to **bundle up**.
今日は寒くなりますので、厚着をするようにしてください。

27 carry on　　　　（〜を）続ける (= keep on)；〜を運営する (= conduct)

After the meeting, I **carried on** with my daily routine.
会議の後、私は日常の業務を続けた。

□ daily routine　日課；決まった仕事

28 carry over　　　　〜を繰り越す；〜を持ち越す

＊会計用語としてだけでなく、休暇やイベントを持ち越すという意味でも使う。The game was **carried over** till next Saturday.（その試合は来週の土曜まで持ち越された）。

Our loss was **carried over** to the next few tax years.
当社の損失は次の数年の納税年度にわたって繰り越された。

29 cash in on　　　　〜から利益を得る；〜につけ込む

＊**take advantage of**が類義の動詞句。

We had a good year so now it's time to **cash in on** our profits.
我々は実り多い1年を送って、今は利益を享受するときである。

30 coincide with　　　　〜と同時に起こる；〜と一致する

The budget meeting **coincides with** my trip so I can't make it.
予算会議は私の旅行とぶつかっているので、私は出席できません。

CD-2・Track 5

31. come around — 回覧される；(人が) 立ち寄る

Please sign the memo when it **comes around**.
そのメモが回覧されてきたら、署名してください。

32. confer with — 〜と相談する (= consult with)

I'd like to **confer with** you about the latest report.
最新のリポートについてあなたと相談したいのですが。

★33. crack down on — 〜を取り締まる

The police are **cracking down on** petty theft in the neighborhood.
警察は近隣地域の軽窃盗犯を取り締まっている。

- □ petty 形 小さな

34. cut back on — 〜を削減する

＊ 名詞cutbackは「削減；縮小」の意で使う。

All employees are asked to **cut back on** costs for entertaining clients.
社員は全員、接待費を削減するよう求められている。

- □ costs for entertaining clients 接待費 (entertainment expensesなどとも言う)

★35. cut corners — 無駄を省く；節約する；近道をする

We need to **cut corners** to survive in this bad economic climate.
この不景気の時期を生き抜いていくには、節約をする必要がある。

- □ climate 名 傾向；状況；気候

36 date back to — ～までさかのぼる

Some of these artifacts **date back to** the Middle Ages.
これら工芸品のいくつかは中世にまでさかのぼるものだ。

- □ artifact 名 工芸品

37 dispense with — ～なしで済ます (= cope without); ～を免除する (= exempt)

Let's **dispense with** the formalities and get down to business.
形式的な挨拶は抜きにして、さっそく仕事の話に入りましょう。

- □ formality 名 形式的なこと；儀礼

38 draw near — （期日などが）近づいてくる

The deadline is **drawing near** so I'll have to work late for a few nights.
締め切りが近づいてきているので、私は何日間か夜遅くまで働かなければならないだろう。

39 fall apart — 壊れる (= disintegrate); （交渉などが）決裂する (= break up)

The talks **fell apart** because the countries couldn't agree.
その国々は合意できずに、交渉は物別れに終わった。

40 fall back on — ～に頼る

＊ **rely on**、**resort to** などが類義の動詞句。

We need a nest egg to **fall back on** in case something happens.
私たちは、不測の事態に陥ったときに頼みとする蓄えが必要である。

- □ nest egg （将来のための）貯蓄

CD-2 · Track 6

41. fall behind — 遅れる (= lag behind)

The task was so difficult that I **fell behind** in my work.
その業務は非常に難しくて、私は仕事に遅れが出た。

42. finish up — 最後の仕上げをする；完成する

I'll go to lunch as soon as I **finish up** what I'm working on now.
今している仕事が終わったらすぐにお昼に行きます。

★ 43. follow suit — 追随する；先例に従う

＊ トランプゲームで、相手が出した同じ種類 (suit：ハートやスペードなど) のカードを出すことが原意。

If our rival releases a new product, we will **follow suit**.
もし競合会社が新製品を発売したら、我々も追随しよう。

44. follow through — (〜に) 最後まで従う；〜 (計画など) を完遂する

＊ スポーツでは、ゴルフなどでボールを打った後一連のフォームを続けること。

Always **follow through** with your promises.
いつでも、約束したことは最後までしっかり守るように。

45. get ahead — 進歩する (= make progress)

My father told me that we have to work hard to **get ahead** in life.
私の父は私に、人生において進歩するには一生懸命働かなければならないと言った。

46. get over — 〜 (病気や苦境) から回復する (= recover from)；〜を克服する (= overcome)

It took a long time for the market to **get over** the crash.
市場が暴落から回復するのには長い時間がかかった。

🔵 □ crash 名（株式市場の）暴落

⭐ 47 get to the point　　要点を突く；核心に触れる

＊**brief and to the point**（簡潔で要点を突いている）というイディオムもよく使う。

Lars used visual aids to **get to the point** during the presentation.
ラーズはプレゼンで視覚機材を使って要点を紹介した。

🔵 □ visual aids　視覚機材

⭐ 48 give away　　～を贈り物として与える（= donate）；～を明らかにする（= reveal）

We **gave away** samples of our product as a promotion.
私たちはプロモーションとして自社製品のサンプルを配布した。

49 give in　　（～に）屈する（= yield [to]）；～を提出する（= submit）

The HR manager **gave in** and finally granted me a pay raise.
人事部長は折れて、最後には私の昇給を認めた。

🔵 □ grant 動 ～を許可する；～を与える　　□ pay raise　昇給

⭐ 50 give the green light　　ゴーサインを出す；許可する

＊green lightはビジネスでは「許可；同意」の意。red lightなら「拒否；反対」の意になる。

He accepted our proposal and **gave** us **the green light** to proceed.
彼は私たちの提案を受け入れ、私たちに進むようにとゴーサインを出した。

🔵 □ proceed 動 進行する

LEVEL3 動詞句120

145

CD-2 · Track 7

51 give way to 〜に道を譲る；〜に取って代わられる

You should always **give way to** the driver on your right.
いつも右側のドライバーには道を譲るべきだ。

52 go a long way 効果がある；長持ちする；成功する

This liquid is concentrated, so a little **goes a long way**.
この液体は濃縮されているので、少量でも効果がある。

53 go in for 〜を好む；〜を支持する；〜に参加する

I don't **go in for** unethical business practices.
私は道義に反するビジネス慣行を受け入れるつもりはない。

- □ unethical 形 道義に反する　　□ practice 名 慣行

54 go out of business ビジネスをやめる；倒産する

The restaurant **went out of business** during the recession.
景気後退のさなか、そのレストランは閉店した。

- □ recession 名 景気後退；リセッション

55 grab a bite 軽い食事をする

＊biteは「ひとかじり；かじること」で、「軽い食事」の意でよく使う。take a bite、eat a biteとも言う。

I'm hungry so I'll just **grab a bite** before we begin the talks.
私はおなかがすいたので、話し合いを始める前に軽く何か食べます。

56 hammer out 〜（計画など）を作り出す (= produce)；〜（問題など）を解決する (= thrash out)

Let's **hammer out** the details of the plan over lunch.
昼食をとりながら、その計画の詳細を詰めましょう。

57 hand over　　～を移管する；～を譲渡する

The government will **hand over** the rebuilding project to a private entity.
政府はその再建プロジェクトを民間企業に移管する予定だ。

- □ private entity　民間企業（団体）

58 hang around　　待つ (= wait)；ぶらつく (= loiter)

＊ **hang around with**で「～（人）と付き合う」。

I'll **hang around** until you've finished your work.
あなたが仕事を終えるまで待っています。

59 hit the ceiling　　激怒する；急騰する

Our boss **hit the ceiling** when he read the newspaper article that criticized him.
我々の社長は、自分を非難する新聞記事を読んで激怒した。

- □ criticize　動 ～を非難する；～を酷評する

60 iron out　　～を解決する (= resolve)；～（障害など）を取り除く (= get rid of)

Rebecca Mendez was asked to **iron out** the flaws in the plan.
レベッカ・メンデスはその計画の問題点を解決するよう求められた。

- □ flaw　名 不備；欠点

CD-2・Track 8

61 keep abreast of　　～に遅れをとらない

With my new phone, I can **keep abreast of** the latest news.
私の新しい電話機を使えば、最新ニュースをチェックできる。

62. keep ~ posted　　〜に最新情報を伝える

* **keep ~ updated**も同様の意味。

Keep me **posted** on how the report is coming along.
そのリポートがどのように進行しているか、逐次私に連絡してください。

63. keep the books　　会計簿を付ける

* **close the books**なら「決算をする」。この場合、booksは常に複数。

Mr. Paulsen is the one who **keeps the books** in our company.
ポールセンさんは当社の簿記を担当している人です。

64. let down　　〜を失望させる (= disappoint)；〜を降ろす (= lower slowly)

The salesperson **let down** the sales director with his poor sales.
その販売員は売り上げが伸びずに販売部長を失望させた。

65. let up　　（雨が）あがる；（勢い・厳しさなどが）和らぐ

It rained for days and wouldn't **let up**.
雨は何日も降り続き、あがる気配がなかった。

66. level off　　安定する；同一水準を維持する

Stock prices are expected to **level off** soon.
株価はもうすぐ安定すると期待されている。

67. live up to　　〜（期待・評判など）に応える

Mr. Sinclair **lives up to** his reputation as a competent salesperson.
シンクレアさんは有能な営業マンとしての評判に応えている。

重　□ reputation　名 評判；名声　　□ competent　形 有能な

68 lock up　　～を保管する；～を鍵をかけて仕舞う

Please be sure to **lock up** the documents in the cabinet.
その書類をキャビネットに保管するのを忘れないでください。

69 lose one's temper　　腹を立てる

* **keep one's temper**（平静を保つ；我慢する）。temperは「機嫌」の意。**out of temper**（怒って；機嫌を損ねて）

The politician **lost his temper** during the interview.
その政治家はインタビューのさなかに腹を立てた。

70 make a point of *doing*　　必ず［決まって］～する

I always **make a point of** get**ting** to work early.
私はいつも決まって早い時間に仕事を始めることにしている。

CD-2・Track 9

71 make the most of　　～を最大限利用する

I'm planning to **make the most of** my day off.
私は休日を最大限利用しようと計画している。

★72 meet the needs of　　～のニーズに応える

* meetには「～に応じる」の用法がある。**meet** the requirements（要件を満たす）、**meet** the demands（需要に応じる）

We do our best to **meet the needs of** the consumer.
我々は消費者のニーズに応えるべくベストを尽くします。

重 □ consumer　名 消費者

LEVEL 3 動詞句120

73. merge with　　〜と合併する

* mergeは「結合する；融合する」の意。名詞merger（合併）も必須語。

The boss told us of his plans to **merge with** the big conglomerate.
社長はその大手コングロマリットと合併するという計画を私たちに話した。

74. mix up　　〜を混同する (= confuse)

We apologize for **mixing up** your order and will correct the problem immediately.
お客様のご注文を他と混同してしまったことをお詫び申し上げます。この誤りをただちに訂正いたします。

75. part with　　〜を手放す；〜を放棄する (= relinquish)

Even though my computer is old, it works well, so I am unable to **part with** it.
私のパソコンは古いけれども機能に問題はないので、手放すことができない。

76. pass out　　〜（無料のもの）を配る

* 自動詞で「気を失う (= faint)」の意味もある。

Marcus will **pass out** brochures at the event.
そのイベントでは、マーカスがパンフレットを配ります。

77. pave the way for　　〜への道を開く；〜の下準備をする

* paveは「舗装する」の意。pavement（舗装道路）

The law **paved the way for** non-profit organizations to receive more funding.
その法律のおかげで、非営利団体はさらに多くの資金を獲得できるようになった。

□ funding　名 資金（調達）

78. phase out 〜を段階的に廃止する［取り除く］

* **phase in**（段階的に導入する）。名詞のphaseは「（仕事などの）段階；（工事の）工期」の意の必須語。カタカナで「フェーズ」とも記す。

We are planning to **phase out** the old model before we release the new one.
私たちは新しいモデルを発売する前に古いモデルを徐々に外していく予定だ。

79. pile up 山積する；たまる

My work has **piled up** so I'll be home late tonight.
仕事がたまっているので、今夜は帰りが遅くなるだろう。

80. plug in 〜（電化製品）を電源につなぐ

* unpluggedは「アコースティック演奏」のこと。

Please **plug in** the projector so I can start the presentation.
プロジェクターをコンセントにつないでください。そうすれば、プレゼンを始められます。

CD-2・Track 10

81. pull down 〜（ブラインドなど）を引き下ろす；〜（建物など）を壊す（= demolish）

It's too bright in here so please **pull down** the blinds.
ここはまぶしすぎるので、ブラインドを降ろしてください。

82. pull off 〜（難しい仕事）をうまくやり遂げる；〜（車）を道路脇へ寄せて止める

Mr. Everly is inexperienced so I didn't think he could **pull off** the job.
エブリーさんは経験がないので、私は彼がその仕事をやり遂げることができるとは思わなかった。

□ inexperienced 形 未経験の

83. put aside
〜を棚上げする (= set aside)；〜を貯める (= save)

Put aside that work for now and help me draw up this document.
その仕事はひとまず中断して、私がこの書類を書き上げるのを手伝ってくれませんか。

重 □ draw up （書類を）書き上げる

84. put away
〜を片づける (= clear away)；〜（お金）を貯める (= save)

The boy was told to **put away** all his toys.
男の子はおもちゃをぜんぶ片づけるようにと言われた。

85. put together
〜を組み立てる；〜をまとめる

We **put together** a plan that was our best ever.
私たちは今までで最高の計画をまとめ上げた。

86. raise eyebrows
驚かせる；眉をひそめる

＊ eyebrowは「まゆ毛」。

The art exhibit was unusual and **raised** a lot of **eyebrows**.
その美術展は一風変わったもので、多くの人々を驚かせた。

重 □ exhibit 名 展覧会　　□ unusual 形 独特な；普通でない

87. read between the lines
行間を読む；真意を理解する

Be careful and **read between the lines** when you sign a contract.
契約書に署名するときには、注意して行間を読むように。

88. reside in
〜に居住する；〜に属する

What country do you currently **reside in**?
現在、居住している国はどちらですか。

- □ currently 副 現在;目下

89 resort to 〜(手段など)に訴える (= fall back on)

If this technique doesn't work, I'll **resort to** something more drastic.
このやり方がうまくいかないなら、私はもっと思い切った方法をとるつもりです。

90 round off 〜の端数を切り捨てる;〜を丸める;〜を完了する

The accountant **rounded off** the profit figures.
会計士は利益の数字の端数を切り捨てた。

CD-2・Track 11

91 run for (選挙で)〜に立候補する

The popular CEO was urged to **run for** office.
その有名なCEOは公職に立候補するよう勧められた。

- □ urge 動 〜を勧める;〜を促す

92 run into 〜に偶然出会う (= encounter);〜にぶつかる (= collide with)

I **ran into** my old work colleague at the trade fair.
私はその商品見本市で昔の仕事仲間と偶然会った。

- □ trade fair 商品見本市

93 run out of 〜を使い果たす

We've **run out of** funds and need to organize a fundraising event.
資金がなくなったので、我々は資金集めのイベントを開催する必要がある。

- □ fundraising 名 形 資金集め(の)

94 run the risk of
〜の危険を冒す；〜のリスクを負う

If you invest in that start-up, you **run the risk of** losing your investment.
その新興企業に投資するなら、投資資金を失うリスクがある。

- □ start-up 名 新興企業

95 rush to
〜に急行する；〜に押し寄せる

The paramedics **rushed to** the scene of the accident.
救急隊員は事故現場に急行した。

- □ paramedics 名 救急隊員

96 scale down
〜を縮小する (= cut down, reduce)

* scale up（〜を拡大する）

We **scaled down** operations during the recession.
我々はこの景気後退のなかで、事業規模を縮小した。

97 set back
〜（計画など）を遅らせる (= delay)；〜を妨げる (= impede)

Let's **set back** the schedule for the museum opening a few days.
博物館開館のスケジュールを数日間遅らせましょう。

98 set forth
〜を説明する (= describe, explain)

Jason **set forth** his ideas at the presentation.
ジェイソンはプレゼンで彼のアイデアを説明した。

99 sort out
〜を整理する；〜を選り分ける

I need to **sort out** all the invoices so that I can show them to the accountant.
私は会計士に見せることができるように、すべての請求書を整理する必要がある。

100 start over
もう一度やり直す
(= make a new beginning)

The plan fell through so now we have to **start over**.
その計画は失敗したので、私たちはもう一度やり直さなければならない。

重 □ fall through　失敗する

CD-2・Track 12

★ 101 step down
辞任する (= resign)

The CEO fell ill and **stepped down** from his post.
CEOは病気になり、彼のポストを退いた。

★ 102 step in
代役を務める (= substitute) ;
介入する (= intervene)

＊ **step in for**で「〜の代役を務める」。

The vice president **stepped in** during the president's absence.
社長の不在中、副社長がその代理を務めた。

103 stop over
立ち寄る；しばらく滞在する

My flight will **stop over** in Dallas.
私のフライトはダラスを経由する。

104 take note of
〜に注意する (= pay attention to)

Please **take note of** the company rules.
会社の規則に注意を払ってください。

★ 105 take on
〜を獲得する (= acquire)；〜を採用する
(= hire)；〜（性質など）を呈する (= carry)

The small firm didn't think it should **take on** such a big client.
その零細企業はそんな大口の顧客を獲得できるとは思っていなかった。

106 take pride in　　～を誇りに思う

We **take pride in** our fine merchandise.
我々は自社のすばらしい製品を誇りにしています。

107 take steps　　手段・措置を講じる

The government **took steps** to revive the ailing economy.
政府は疲弊した経済を再生する対策を講じた。

□ ailing　形（経済などが）不調の；病気の

108 take up　　～を始める；～を再開する；～に従事する；～（時間など）を要する

I'd like to **take up** a new hobby.
私は新しい趣味を始めたい。

109 taper off　　しだいに減る（= decrease gradually）；（雨などが）あがる（= let up）

The rain began to **taper off** so we held the event outdoors.
雨が小降りになり始めたので、私たちは屋外イベントを開催した。

110 tear down　　～（建物など）を解体する（= demolish）；～を中傷する（= criticize）

＊動詞tearの発音は [tέər] であることに注意。

The city decided to **tear down** the old, historic building.
市政府は、その古い歴史的建造物を取り壊す決定をした。

CD-2・Track 13

111 tell ～ apart　　～（AとB）を区別する

It's hard to **tell** the mother and daughter **apart**.
その母親と娘を区別するのは難しい。

112 turn A into B
AをBに変える (= change A into B)

＊ 自動詞として **turn into**（～に変わる）という用法もある。

The CFO is looking for a way to **turn** this loss **into** profit.
最高財務責任者はこの損失を利益に変える方法を探している。

113 turn over
～をひっくり返す (= overturn)；～を譲る (= hand over)；～（本などのページ）をめくる (= flip over)

The judge told the lawyer to **turn over** the letter during the trial.
判事は弁護士に、裁判期間中、その手紙を預けるようにと言った。

- □ trial 名 裁判

114 turn over a new leaf
心を入れ替える；心機一転する

I decided to **turn over a new leaf** and eat more healthy foods.
私は心を入れ替えて、もっと健康的な食べ物を食べることに決めた。

115 wait on
～の世話をする (= care for)；～を給仕する (= serve)

＊ wait on ～ hand and foot で「～の身の回りの世話をする」。

The server **waited on** us hand and foot.
その給仕はあれこれ私たちの世話をしてくれた。

116 wear out
消耗［摩耗］する (= deteriorate)；～を疲れさせる (= tire out)

The tires on the car are starting to **wear out**.
その車のタイヤは摩耗し始めている。

117 work out to
～ということになる

＊ to には名詞も続けられる。

The costs **work out to** be way above our budget.
結局、経費が予算を大幅に上回ることになる。

- □ way 副 非常に

118 write off
~を損金処理する；~を償却する；~を帳消しにする

The company decided to **write off** its losses.
会社は損失を償却することに決めた。

119 yield to
~に従う（= give way to）；~を承諾する（= consent to）

Jason refused to **yield to** the boss' unreasonable demands.
ジェイソンは上司の理不尽な要求に従うことを拒否した。

- □ unreasonable 形 理不尽な

120 zero in on
~に焦点を絞る（= pinpoint）；~に専念する（= concentrate on）

The systems engineer was able to **zero in on** the trouble with the network.
そのシステムエンジニアは、ネットワークのトラブルに焦点を絞ることができた。

基本動詞の使い方④ take

●コア概念
「捕らえて持つ」という意味の主体性の強い動詞。「連れていく」「持っていく」を基本に、「理解する」「耐える」「受諾する」などの意味の広がりがある。時間が人を捕らえるなら、「(時間が) かかる」となる。

●意味の広がり
- 連れていく → take my wife to the party（妻をパーティーに連れていく）
- 飲食する → take a red wine（赤ワインを飲む）
- 占有する → All the seats were taken.（すべての座席が埋まっていた）
- 受諾する → take a job offer（仕事の申し出を受ける）
- 耐える → I can't take anymore.（これ以上耐えられない）
- 時間がかかる→ This job took a week.（この仕事に1週間かかった）

●重要な結びつき
take office（就任する）	take a seat（着席する）
take turns（交代でする）	take a shower（シャワーを浴びる）
take a day off（休暇を取る）	take a risk（リスクをとる）
take care（注意する）	take the floor（起立する；討論に加わる）

基本動詞の使い方⑤ make

●コア概念
「手を加えて、つくる、またはAをBに変化させる」が基本概念。make her presidentならherをpresidentに変化させることになり、make me accept the assignmentならmeを仕事を受ける状態に変化させることになる。

●意味の広がり
- つくる → make coffee（コーヒーを入れる）
- 行う → make a mistake（ミスをする）
- 獲得する → make a lot of money（大金を稼ぐ）
- 任命する → make her president（彼女を社長に任命する）
- 強制する → The boss made me accept the assignment.
（上司は私にその仕事を引き受けさせた）
- ～にする → The news made him happy.（その知らせに彼は喜んだ）

●重要な結びつき
make an appointment（アポを取る）	make a decision（決定する）
make a living（生計をたてる）	make an effort（努力する）
make a speech（スピーチをする）	make a guess（推測する）
make advances（前進する）	make believe（ふりをする）

LEVEL 3 　　イディオム80

CD-2・Track 14

1. a fleet of 　　一団の〜

＊fleetは「自動車や船などの一団」という意味。

The car manufacturer unveiled **a** new **fleet of** vehicles.
その自動車メーカーは新しい車の製品ラインを発表した。

- vehicle 名 車両

2. a load of 　　多量の〜；多数の〜

＊loadは「積荷；負担；荷重」の意。

John put **a load of** bricks in the truck.
ジョンはトラックにレンガをたくさん積み込んだ。

3. a stack of 　　多量の〜；大量の〜

＊stackは「書類などの山；大量」の意。

The President has **a stack of** papers to sign.
大統領には署名をしなければならない書類が大量にある。

4. all set 　　準備万端で

If you're **all set**, let's start the conference.
あなたの準備ができたら、会議を始めましょう。

5. as a token of 　　〜のしるしとして

＊tokenは「しるし；（何かを）表象するもの」の意。

Please accept this gift **as a token of** my gratitude.
私の感謝のしるしとして、この贈り物をお受け取りください。

- gratitude 名 感謝

6. at a premium　　割り増し価格で；プレミアム付きで

＊premiumには「割り増し価格」の意味がある。

You can buy land in that famous city **at a premium**.
その有名な都市の土地はプレミアム価格で購入できる。

7. at a standstill　　行き詰まって；足踏み状態で

＊standstillは「停止；行き詰まり」。come to a **standstill**（立ち往生する）

The work is **at a standstill** until we get government approval.
その仕事は、政府の承認を受けるまで、中断されている。

8. at full length　　詳しく；長々と横たわって

＊at lengthだけでも「詳細に」の意。

The movie was shown **at full length**.
その映画は完全版が上映された。

9. at large　　自由の身で（= at liberty）；概して（= in general）

The criminal is still **at large**.
容疑者はまだ拘束されていない。

★ 10. at odds　　対立して；確執があって

＊**at odds with**で「～と争って；～と意見が異なって」。名詞のodds（常に複数）は「確率；可能性；（競馬などの配当の）倍率」の意。**by all odds**で「確かに；はるかに」。

The general manager and CEO are **at odds** with each other.
ゼネラルマネジャーとCEOは互いに反目し合っている。

CD-2・Track 15

★ 11. at some point　　ある時点で；ある時期に

I would like to make a comment **at some point**.
私は、ある時点になったらコメントしたいと思います。

12. at the discretion of　～の裁量で；～の判断で

＊ discretionは「裁量；決定権」の意。

We conduct business **at the discretion of** our legal team.
我々は法律チームの判断に従って業務を遂行している。

13. ball is in your court　次に決めるのはそちら側である

＊ 交渉などで、決定する順番が相手側に回っていることを指摘するのに使う。

The **ball is in your court** so please make a decision.
ボールはあなたの側にあるので、そちらで決断してください。

14. behind the times　流行に後れて（= out of date）

＊ 単に「（予定より）遅れて」なら **behind time**（⟷ **ahead of time**）。

That magazine is really **behind the times**.
その雑誌はまったくの時代遅れだ。

★15. beside the point　要点から外れて；別問題である

＊ 同様の意味で、**beside the mark**という言い方もある。**miss the point**なら「的外れである」。

I don't get along with the manager but that's **beside the point**.
私は課長とうまくいっていないが、それはまた別問題だ。

16. bumper-to-bumper　（車が）数珠つなぎの；渋滞して

＊ 「車のバンパーとバンパーがくっつきそうなほど」が原意。congested、stuckなどと同意。

This morning's traffic was **bumper-to-bumper**.
今朝は渋滞がひどかった。

17. by heart　そらで；暗記して

The boy learned how to play the song **by heart**.

少年はその歌をそらで演奏するやり方を覚えた。

18 close call　　　危機一髪

The skier just missed the tree so it was a **close call**.
そのスキーヤーは危うく木にぶつかるところだった。危機一髪だった。

- □ miss 動 逃れる；失敗する；〜がいなくて寂しく思う

19 day in day out　　　毎日毎日；来る日も来る日も

I do the same thing **day in day out**.
私は来る日も来る日も同じことをしている。

20 dry run　　　予行練習；リハーサル

We did a **dry run** on the prototype.
私たちはその試作品の予行練習を行った。

- □ prototype 名 試作品

CD-2・Track 16

21 each and every　　　ありとあらゆる；一人ひとりすべての

＊ every singleの意で、強調するときに用いる。

Each and every employee at this firm receives benefits.
この会社の社員には一人残らず手当が支給されている。

22 easier said than done　　　言うは易し、行うは難し

Getting the CEO to agree to the proposal is **easier said than done**.
CEOにこの提案に賛成してもらうのは「言うは易し、行うは難し」だ。

⭐ 23 executive summary　要点；重要な論点

Please show us the **executive summary** of the proposal.
その提案の要点を私たちに教えてください。

24 eye opener　目を見張るもの；驚くべきこと

Failing the exam was a real **eye opener**.
その試験に落ちたことは本当にショックだった。

⭐ 25 fast track　早期進行；出世コース

＊「早く進行させる」の意で他動詞としても使う。

We're on a **fast track** to completing the construction.
我々はその建設事業を完工まで早期計画で進めている。

26 first thing　まず第一に；何よりも先に

＊ first thing in the morningで「朝一番に；朝早く」。

I can never get out of bed **first thing** in the morning.
私は朝早く起き出すことが決してできない。

27 from a different angle　別の角度から；見方を変えると

＊ **from all angles**（すべての角度から）

We decided to approach the project **from a different angle**.
私たちはそのプロジェクトに別の角度から取り組むことに決めた。

⭐ 28 from scratch　ゼロから；初めから

＊ from the very beginningの意。名詞scratchには「引っかき傷」のほか、「(棒で地面を引っかいて描いた) スタートライン」の意味がある。

I made this cake **from scratch**.
私はこのケーキを最初から作りました。

29 from the bottom of one's heart　　心を込めて；心の底から

I mean what I say **from the bottom of my heart**.
私は心を込めて言っているんですよ。

30 game plan　　戦略；行動計画

＊ビジネス、政治、スポーツなどの分野でよく使う。

Please tell me the **game plan**.
その戦略を話してください。

CD-2・Track 17

31 good to go　　準備ができて

Just one more hour and then we'll be **good to go**.
あと１時間で私たちは準備ができます。

32 hands down　　楽々と；間違いなく

＊easily and decisivelyの意。「騎手が馬に鞭をあてず、手を下げたまま楽々と勝てる」という状況から。**hands off**（干渉しない；口出ししない）、**hands on**（細部まで管理する；実際的な）もhandsを使った重要イディオム。

This is the most fuel-efficient car, **hands down**.
これは間違いなく、一番燃費のいい車です。

33 heart to heart　　率直な［に］；腹を割った［って］

＊**heart and soul**（全身全霊を傾けて）

My friend and I had a **heart-to-heart** talk.
友人と私は腹蔵のない話をした。

⭐34 high profile　　注目を集める；目立つ立場［態度］

Our CEO is a **high-profile** figure.
私たちのCEOは注目を集める人物だ。

LEVEL 3　イディオム80

35 in all respects　　あらゆる点で

* in this respect（この点では）

We need to be better than our competitors **in all respects**.
我々はあらゆる点で競合他社に勝る必要がある。

36 in appearance　　外見は

* **to all appearances**（外から見るかぎりでは）

James is casual only **in appearance**.
ジェームズがくだけた感じなのは見かけだけだ。

37 in arrears　　遅れて (= behind)；滞納して (= overdue)

* arrearsは「滞納金」の意。

We are several months **in arrears** on our mortgage payments.
私たちは住宅ローンの支払いが数カ月遅れている。

□ mortgage　名 住宅ローン

38 in collusion with　　～と共謀して；～と結託して

* collusionは「秘密の、または違法な協力・共謀」の意。conspiracyが類語。

The corporation was accused of working **in collusion with** criminals.
その会社は犯罪者と結託して仕事をしたとして告発された。

□ accuse A of B　AをBという理由で告発する

39 in due course　　時が来れば；そのうちに

* at the appropriate timeの意。

I have been working hard and will get a raise **in due course**.
私は一生懸命働いてきたので、いずれ昇給するでしょう。

□ get a raise　昇給する

40. in force
実施されて (= in operation); 大勢で (= in great numbers)

The police were **in force** at the scene of the crime.
犯罪現場には警察が配備されていた。

CD-2・Track 18

41. in full swing
最高の状態で；どんどん進んで

The project is **in full swing** now that the proposal has been accepted.
提案が承認されて、プロジェクトは本格的に始動している。

42. in good faith
誠意を持って；誠実に

* **keep faith with**（〜への信義・約束を守る）⟷ **break faith with**（〜との約束を破る；〜への背信行為をする）

We didn't have a contract and made the agreement **in good faith**.
我々は契約を交わさなかったが、誠意に裏付けられた合意に達した。

43. in itself
それ自体；本質的に

The plan is good **in itself**.
その計画はそれ自体がすばらしいものだ。

44. in recognition of
〜を認めて［認められて］

Charles was given an award **in recognition of** his many years of service for the company.
チャールズは会社に長年勤務したことを認められて賞を授与された。

重 □ award 名 賞

45 in the face of　～に向き合って；～にもかかわらず

Many people are able to cope **in the face of** tragedy.
多くの人は悲劇に向き合っても対処することができる。

- □ cope　動 対処する

46 in the first place　まず第一に；そもそも

Helen is unemployed and should never have quit her job **in the first place**.
ヘレンは失業しているが、そもそも仕事を辞めるべきでなかった。

47 in triplicate　3通［部］作成されて；3枚つづりで

＊ **in duplicate**（2部作成されて；2枚つづりで）

Please sign the agreement and make copies **in triplicate**.
その合意文書にサインして、3部コピーをとってください。

48 in unison　声を揃えて；調和して

＊ unisonは「調和・一致；（音楽で）斉奏・斉唱」の意。**in unison with**（～と一致して）

The class all raised their hands **in unison** when the teacher asked the question.
先生が質問をすると、生徒たちはみんな一斉に手を上げた。

49 in vain　（努力などが）無駄に終わって
（= without success）

We tried to convince the client to buy but our efforts were all **in vain**.
その顧客に購入してもらおうと説得をしてみたが、私たちの努力はすべて無駄に終わった。

- □ convince　動 ～を説得する；～を納得させる

50 laid back　　くつろいだ；おおらかな

＊ relaxed and easygoingの意。

Our boss is very **laid back** and gives us plenty of vacation time.
私たちの上司はとてもおおらかで、休暇をたくさんくれる。

CD-2・Track 19

51 my hands are full　　手がふさがって

I'd like to help you but **my hands are full**.
あなたを手伝いたいのですが、手がふさがっているのです。

52 new line (of 〜)　　（〜の）新製品

＊ このlineはa range of commercial goodsの意。product line（製品ライン；製品品目）

We introduced our **new line of** clothing at the trade fair.
我々は商品見本市で洋服の新ラインを発表した。

53 not altogether　　すべてが〜でもない

The facts in the case are **not altogether** accurate.
その事件の事実はすべてが正確というわけでもない。

重 □ accurate　形 正確な

54 null and void　　（契約や法律などが）無効の (= invalid)

＊ nullもvoidも同様に「無効の」の意。慣例的に並べて使う。terms and conditions（条件）も同様の慣例的な表現。

The lease on the building is now **null and void**.
このビルのリース契約は現在、無効です。

55. on account of　〜という理由で（= due to, because of）

We cancelled the outdoor event **on account of** the bad weather.
悪天候のため、私たちは屋外イベントを中止した。

⭐ 56. on good terms　良好な関係で

＊ このtermsは「関係；折り合い」の意。**come to terms with**（〜と合意に達する）

We're **on** very **good terms** with all our suppliers.
当社はすべてのサプライヤーと非常に良好な関係にある。

⭐ 57. on the premises　建物内で；敷地内で

＊ premises（複数で使う）はbuilding(s)、site、propertyなどの意。

All our baking for the café is done **on the premises**.
そのカフェのパン焼き作業はすべて店内で行われる。

58. on the sidelines　傍観者として；直接参加せずに；表に出ずに

＊ sidelinesと通例複数形で用い、「サイドラインのすぐ外側（試合に直接参加しない監督や控え選手がいる場所）」を指す。

We were **on the sidelines** about the issue.
私たちはその案件については関与しなかった。

59. on the spot　ただちに（= at once）；すぐその場で（= then and there）

The manager signed the contract **on the spot**.
部長はすぐその場で契約書に署名した。

60. out of courtesy　好意から

＊ courtesyは「親切；礼儀」の意。

The man gave me his seat **out of courtesy**.
その男性は親切にも私に席を譲ってくれた。

CD-2・Track 20

61 out of hand — 手に負えなくて；片がついて；すぐに

The riot got **out of hand** so the police were called in.
暴動は手に負えなくなったので、警察が投入された。

- riot 名 暴動

62 out of place — 場違いの (= unsuitable, out of position)

I look **out of place** at this formal party in these casual clothes.
このフォーマルなパーティーにこんなカジュアルな格好で来てしまって、なんだか場違いです。

63 out of the blue — 思いがけなく；突然に

＊ 何も起こらないはずの'blue' skyから思いもかけないことが起こることから。日本語には「青天のへきれき」という言い方があるが、英語ではbolt out of the blueと言う。

The question came up **out of the blue** and was difficult to answer.
その質問は突然出てきたので、答えるのが難しかった。

64 over the counter — 店頭で［の］；市販の

＊ 医薬品に使えば、「prescription（処方箋）なしで購入できる」という意味。**under the counter**は「闇取引で；こっそりと行う違法取引で」。

I had a cold and took some **over the counter** medication for it.
私は風邪をひいて、市販の風邪薬を買った。

- medication 名 医薬品

LEVEL 3 イディオム 80

65 parallel to　　～に沿って；～に平行して

We need to come up with a plan that's **parallel to** the client's wishes.
私たちはクライアントの望みに沿った計画を考えなければならない。

- □ come up with　～を考え出す

66 piece of cake　　とても簡単な仕事；朝飯前

Working a graveyard shift is no **piece of cake**.
夜勤で働くのは簡単なことではない。

- □ graveyard shift　夜勤

67 quick fix　　緊急措置；その場しのぎの解決法

There is no **quick fix** for poverty or environmental problems.
貧困と環境の問題にはその場しのぎの解決策はない。

- □ environmental　形 環境の

68 quiet before the storm　　嵐の前の静けさ

Business is slow but I think it's just the **quiet before the storm**.
ビジネスは低調だが、これは嵐の前の静けさだと思う。

69 rule of thumb　　経験則；常識的な目安

＊**as a rule of thumb**（経験則で；大ざっぱに言って）
I get to work early every morning as a **rule of thumb**.
私はだいたい毎朝早く出社することにしている。

70 second to none　　何ものにも劣らない；人後に落ちない

Our appliances are **second to none** in quality and

craftsmanship.
当社の家電製品は品質と技術においてナンバーワンです。

● □ appliance 名 家電製品　□ craftsmanship 名 (職人的な) 技能

CD-2・Track 21

71 tight spot　　　窮地；困った状況

＊ tightにはdifficult、trickyという意味がある。

If you don't accept the offer you'll leave us in a **tight spot**.
あなたがこの提案を受けてくれないなら、我々は窮地に陥ってしまいます。

72 time and a half　　　(1.5倍の) 超過勤務手当て

Employees must receive **time and a half** for hours worked overtime.
社員は残業時間に対して、1.5倍の超過勤務手当てを支給される。

73 ✪ up and running　　　活発に動いて；稼働して

Walter took out a loan to get his business **up and running**.
ウォルターは自分の事業を発展させるために融資を受けた。

74 up front　　　前もって (= in advance)；率直な [に] (= frank[ly])

＊ **up front with**で「〜に率直に語って」の意。なお、up frontは米語では「経営陣」の意味もある。

The client was very **up front** with us about the lack of funds in his budget.
そのクライアントは、予算が不足していることを私たちにとても率直に語った。

75 ✪ vice versa　　　逆もまた同様；逆に

＊ ラテン語。

Mr. Roberts respects the CEO's decisions and **vice versa**.
ロバーツさんはCEOの決定を尊重しており、逆もまた同様だ。

76. vicious circle　悪循環

* **virtuous circle**（好循環）

I just seem to be stuck in a **vicious circle**.
私は悪循環に陥っているようだ。

77. with honors　優等で

My daughter graduated university **with honors**.
私の娘は大学を優秀な成績で卒業しました。

78. with the exception of　〜を例外として；〜を除いて

Everyone will attend the meeting **with the exception of** the director.
取締役以外の全員がその会議に出席する。

79. word for word　文字通りに；1語ずつ

Don't take what he says **word for word**.
彼の言うことを文字通りに受け取ってはいけない。

80. word of mouth　口コミ

This restaurant is known only by **word of mouth**.
このレストランは口コミだけで有名になっている。

LEVEL 4
ビジネス英語の幅を広げる応用200熟語

目標 ▶ **900**点〜

動詞句：120 ………… p.176
イディオム：80 ……… p.198

LEVEL 4 　　　　　　　動詞句 120

CD-2 · Track 22

1. act on　　　　〜に従って行動する；〜に作用する

The boss told us to **act on** his advice.
社長は私たちに、彼の意見に従って行動するようにと言った。

2. add fuel to the fire　　　火に油を注ぐ

If you argue with the manager, you'll just **add fuel to the fire**.
もしあなたが課長と言い争うなら、火に油を注ぐことになる。

3. back off　　　手を引く；尻込みする；撤収する

＊ **back off from**（〜から手を引く）

Mr. Sinclair decided to **back off** and not agree to the terms.
シンクレアさんは手を引く方向に考えを改め、その取引条件に合意しないことにした。

- □ terms　名 条件（通例、複数）

4. bark up the wrong tree　　　見当違いの努力をする

Jeff tried to use a new method to calculate costs but he was **barking up the wrong tree**.
ジェフは経費を計算する新しい方法を試してみたが、見当違いのことをしていた。

- □ method　名 手段；方法

5. be all ears　　　熱心に耳を傾ける

＊ **I'm all ears.** で「さあ話してください。聞いていますよ」と、相手の話を促すフレーズになる。**Be all ears.** なら「注意してよく聞くように」の意。

I'm all ears so please tell me the plan.

しっかり聞いていますから、その計画を話してください。

6 be bogged down with　〜にはまりこんだ（= be swamped with）

I'm bogged down with work today and will be home late.
今日、私は仕事が立て込んでいて、帰宅が遅くなる。

7 be [get] carried away with　〜に夢中になる；〜ではしゃいでいる

He **got carried away with** the game and forgot about his work.
彼はそのゲームに夢中になって、仕事のことを忘れてしまった。

8 be dying to do　〜したくてたまらない

＊ 名詞を続ける場合はbe dying forとする。

I've been working a lot of overtime and **am dying to** take a day off.
私は残業ばかりしてきたので、休みを取りたくてたまらない。

□ take a day off　休みを取る

9 be in another person's shoes　（人と）同じ立場になる；（人と）同じ苦境に陥る

＊ put oneself in another person's shoesという言い方もある。

It's a big decision so I wouldn't want to **be in your shoes**!
それは大きな決断なので、私は関わりたくありません。

★ 10 break a deadlock　局面［行き詰まり］を打開する

The committee **broke the deadlock** and made a decision.
委員会は膠着状態を打開して、決断を下した。

CD-2 · Track 23

11. break off　　～（交渉・関係など）を破棄する

We will attempt to **break off** with our current outsourcing company.
私たちは現在の外部委託企業との契約を破棄する予定である。

- □ outsourcing　名 形 外部委託（の）

12. break the ice　　緊張をほぐす；きっかけをつくる

A party was held for the new recruits to **break the ice**.
新入社員たちの緊張をほぐすためにパーティーが開かれた。

- □ new recruit　新入社員

13. bring in　　～（人）を採用する；～（利益など）をもたらす

We need to **bring in** another accountant to deal with our finances.
当社の財務を処理するのに、経理担当者をもう1人採用する必要がある。

- □ finances　名 財務

14. bring ~ on board　　～を（会社・仲間に）迎え入れる

The CEO decided to **bring** his son **on board** to help run the business.
CEOは事業運営を助けてもらうために息子を入社させる決意をした。

- □ run the business　事業を運営する

15. burn one's bridges　　背水の陣を敷く

A good salesperson must never **burn his bridges**.
よき販売員というものは決して背水の陣を敷かないものだ。

16. call upon [on] ~ for ...　～に…を求める

I **call upon** the citizens **for** help in this community.
私は市民の皆さんに、このコミュニティの支援をお願いしたいと思います。

□ citizen　名 市民

17. capitalize on　～を十分利用する
(= take advantage of, cash in on)

We should **capitalize on** the strong real estate market now.
我々は活気のある今の不動産市場に乗って収益をあげるべきでしょう。

□ real estate　不動産

18. carry off　～を獲得する (= win, gain)

The winner of the contest will **carry off** thousands of dollars worth of prizes.
そのコンテストの勝者は何千ドルもの賞を獲得する。

19. carry weight　影響力がある (= be influential)

Excuses for lateness do not **carry weight** in our office.
私たちの会社では遅刻の言い訳をしても無駄だ。

20. change one's tune　言葉遣い・態度を変える；変節する

If you want a promotion, you'll have to **change your tune**.
昇格を望むなら、あなたは態度を変える必要があります。

CD-2・Track 24

21. chip in　～を寄付する (= donate)

＊ゴルフでは、アプローチショットが直接カップインすること。

Everyone **chipped in** a little bit of money for the party.
だれもがそのパーティーのために少額をカンパした。

22 clear out
立ち去る (= leave)；
〜を掃除する (= clean up)

＊「掃除する」の意味では、She **cleared out** her junk room.（彼女は自分の汚い部屋を掃除した）のように使う。

The fire alarm caused the employees to **clear out** of the building.
火災警報器が鳴ったので、従業員たちはそのビルから避難した。

- □ fire alarm　火災警報器

23 come across as
〜のような印象を与える

When making a sale, you shouldn't **come across as** pushy.
営業をするときは、強引な印象を与えるべきではない。

- □ pushy　形 押しの強い

24 come by
（〜に）立ち寄る (= visit)；
〜を手に入れる (= obtain)

When is it convenient for you to **come by**?
こちらに立ち寄っていただくのには、いつのご都合がよろしいですか。

25 come down with
〜（病気）にかかる

Walter **came down with** the flu and had to cancel all his appointments.
ウォルターは風邪をひいて、約束をみんなキャンセルしなければならなかった。

26 come [go] into effect
実施される

The terms of the contract will **come into effect** at noon tomorrow.
この契約書の条項は明日の正午から発効する。

27 come over
訪ねてくる

Would you like to **come over** for a cup of coffee?

コーヒーでも飲みにいらっしゃいませんか。

28 conjure up
〜をすばやく用意する；〜を心に呼び起こす

Lee tried to **conjure up** an excuse to explain why he was late.
リーは遅刻した理由を説明する言い訳をすばやく取り繕おうとした。

29 crouch down
身をかがめる；しゃがむ
(= bend down, kneel down)

During an earthquake, you should **crouch down** under your desks for shelter.
地震のときには、机の下を逃げ場にして身をかがめているのがいい。

- □ shelter 名 避難所；保護施設

30 cry wolf
嘘をついて人を驚かせる

＊イソップ寓話にある嘘つきの羊飼いの少年の話より。

The boss thinks our competitor is **crying wolf**.
社長は、当社の競合相手がブラフをかけているものと思っている。

- □ competitor 名 競争相手

CD-2・Track 25

31 cut a long story short
手短に言う；かいつまんで話す

To **cut a long story short**, he didn't accept the terms of the deal.
手短に言えば、彼はその取引の条件を受け入れなかったのです。

32 distract A from B
Aの気持ちをBからそらせる

＊divert A from B が同意の動詞句。

The football game on television **distracted** the employees **from** their work.
テレビではサッカーの試合が流されていたので、社員たちは仕事に身が入らなかった。

33 don't hold one's breath　すぐに起きると期待しない

She might accept our offer but **don't hold your breath**.
彼女は我々の申し出を受けるかもしれないが、あまり期待しないように。

34 don't judge a book by its cover　見た目で判断しない

I **don't judge a book by its cover** so I will buy the old house.
私は見た目にはこだわらないので、その中古住宅を購入するつもりだ。

35 explore all avenues　あらゆる可能な手段を検討する

＊ explore every avenueとも言う。動詞exploreは「探索する；調査する」の意。

We should **explore all avenues** for discussion.
我々は手を尽くして話し合うべきだ。

36 face the music　自分の言動の報いを受ける

The criminal was arrested and had to **face the music**.
その犯罪者は逮捕され、報いを受けなければならなくなった。

- □ criminal 名 犯罪者

37 fill the bill　必要条件を満たす；期待に沿う

Jeff is the only person who will **fill the bill** so we should hire him.
ジェフは要件を満たすただ1人の人物なので、我々は彼を採用すべきでしょう。

- □ hire 動 採用する

38 get A across to B　AについてBに理解してもらう

I had to work hard to **get** my point **across to** the committee.
私は自分の意見を委員会に理解してもらうために、力を尽くさなければならなかった。

39 get away
休暇をとる (= have a holiday);
逃げる (= escape)

I've been so busy lately that I don't know when I can **get away**.
最近、私はとても忙しいので、いつ休めるのかわからない。

40 get by
何とか生きていく (= make ends meet)

It's difficult to **get by** in hard economic times.
景気の悪い時期には、生計を立てるのが大変だ。

CD-2 · Track 26

41 get (a) hold of
～と連絡する；～を捕まえる；～を理解する

I tried to contact Ms. Dillon but she's hard to **get a hold of**.
私はディロンさんに連絡をとろうとしたが、彼女はなかなかつかまらない。

42 get off the ground
順調に始まる；軌道に乗る；(飛行機が) 離陸する

My partner helped this business **get off the ground**.
私のパートナーはこの事業が軌道に乗るのを助けてくれた。

43 get on one's nerves　～をいらいらさせる；～の神経に障る

The noise coming from my neighbor's apartment **gets on my nerves**.
隣のアパートから聞こえてくる騒音で私はいらいらしている。

44 get the ball rolling　～ (仕事など) を始める；～に着手する

We've made all the preparations so let's **get the ball rolling** on this new venture.
我々は準備をすべて整えたので、この新しい事業を始めることにしよう。

□ venture　名 事業；冒険的な企て

45 get the brush-off　　（冷たく）拒否される

＊**give ~ the brush-off**とすれば「~を拒否する」。brush-offは「拒否」の意。

Sometimes salespeople will **get the brush-off** from potential customers.
時折、販売員たちは潜在顧客から冷たくあしらわれるだろう。

- □ potential　形 潜在的な；可能性のある

46 get the picture　　状況を理解する

I didn't understand at first but now I'm starting to **get the picture**.
私は初めのうちは理解できなかったが、今は状況を把握しつつある。

47 get the short end of the stick　　貧乏くじを引く；割を食う

No one wants to **get the short end of the stick** in the deal so we need to negotiate.
だれもこの取引では割を食いたくないと思っているので、私たちは交渉をしなければならない。

48 give birth to　　~を生む；~の原因となる

The agreement between the two nations **gave birth to** peace.
その両国の協定によって和平が実現した。

49 give it a shot　　試してみる

I've never done this kind of work but I'll **give it a shot**.
私はこの種の仕事はしたことがなかったのですが、やってみます。

50 give rise to　　~を引き起こす；~を生じさせる

The credit crunch **gave rise to** new kinds of lending institutions.

信用収縮が起こって、新しい種類の貸出機関が設立された。

- □ credit crunch　信用収縮；クレジットクランチ（銀行の貸し渋りなどにより貸出額が減少し、企業の資金調達が困難になる状態）
- □ lending institution　（銀行などの）貸出機関

CD-2・Track 27

51 go around in circles　堂々巡りをする

The speaker just **went around in circles** and didn't explain his point.
その発言者は堂々巡りをするばかりで、要点を説明しなかった。

52 go back on　〜（約束など）を破る
(= break a promise)

As a salesperson, you should never **go back on** your word.
販売員なら、決して約束を破ってはいけない。

53 go down with　〜に受け入れられる

The plan didn't **go down with** the client well.
この計画はその顧客から良好な反応を得られなかった。

54 go to the trouble of *doing*　わざわざ〜する

I'll take a cab so please don't **go to the trouble of** giv**ing** me a ride.
私はタクシーを捕まえますから、乗せていただかなくても大丈夫ですよ。

55 have a say in　〜に発言権がある

As the general manager, I **have a say in** personnel-related matters.
私はゼネラルマネジャーとして、人事関連の事項には発言権がある。

56 have ~ on one's hands　〜を持て余す；〜を抱え込む

I **have** a lot of time **on my hands** today.
今日、私は時間にゆとりがある。

57 have regard for　〜を尊敬する

* **have no regard for**（〜を尊敬しない）。名詞regardは「尊敬；敬意」。

The employees **have** a lot of **regard for** the CEO.
社員たちはCEOをとても尊敬している。

58 hold back　〜を引き止める（= withhold）；〜を妨げる（= hinder）

We won't let the costs **hold back** the construction.
私たちはコストを理由にその建設計画を中止したくない。

59 hold up　〜を一時的に止める（= stop）；〜を遅らせる（= delay）

The manufacturer called to say that the shipment is being **held up** by customs.
そのメーカーは電話をかけてきて、荷物が税関に止められていると言った。

- □ customs　名 税関

60 hook up　会う；〜を据え付ける；〜（電話）をつなぐ

Let's **hook up** tomorrow to discuss the trip itinerary.
旅行日程を話し合うために、明日会いましょう。

- □ trip itinerary　旅行日程

CD-2・Track 28

61 jump on the bandwagon　有利な側につく

* jumpの代わりにclimbを使うことも。bandwagonは「楽隊車」のことで、「勢いに乗った動き」を表すのに使う。

When we released our latest revolutionary product, our competitors **jumped on the bandwagon**.
私たちが革新的な新製品を発表すると、競合会社は追随した。

● □ revolutionary 形 革新的な

62 **keep house** 家事をする；家を守る

It's hard to **keep house** when I'm working full time.
フルタイムで働いているときには、家事をこなすのは難しい。

63 **keep ~ on one's toes** ～が注意を怠らないようにさせておく

＊on one's toesで「警戒して」の意。

My new job **keeps** me **on my toes**.
私は新しい仕事をしているので、注意を怠れない。

64 **keep one's fingers crossed** 願いがかなうことを祈る

I'm **keeping my fingers crossed** until we land the deal.
我々がその取引を獲得できるまで、私はそれが実現することを祈っています。

● □ land a deal 取引を獲得する

65 **lay aside** ～を棚上げにする (= put aside)；～を蓄える (= save)

Lay aside your work for a minute and come see me in my office.
しばらく仕事はそのままにしておいて、私のオフィスに来てください。

66 **leave out** ～を除外する (= exclude)；～を見落とす (= overlook)

Be sure not to **leave out** any important details.
重要などんな詳細項目も見落とさないようにしてください。

67 let go of　　～を取り除く；～をあきらめる

Our CEO **let go of** the idea of relocating the office.
私たちのCEOはオフィスを移転するという考えをあきらめた。

- □ relocate　動 移転する；～を移転させる

68 lie around　　リラックスする；無為に時間を過ごす

I'm very busy and don't have time to **lie around**.
私はとても忙しくて、リラックスできる時間が持てない。

69 lose one's shirt　　無一文になる

If you buy that overpriced stock, you'll **lose your shirt**.
そんな過大評価された株を買うと、無一文になりますよ。

- □ overprice　動 高値をつけすぎる

70 make a killing　　大もうけする（= make a large profit）

It was our biggest deal ever so we **made a killing**.
それは過去最大の取引で、我々は莫大な利益を獲得した。

CD-2・Track 29

71 miss the boat　　好機を逸す

＊ **miss the bus**とも言う。

Many companies are bidding on this job and I don't want to **miss the boat**.
多くの会社がこの仕事に入札しており、私はこのチャンスを逃したくない。

- □ bid　動 入札する　名 入札

72 pass up
〜を断る (= turn down)；
〜（機会など）を逃す (= miss)

I'm afraid we will have to **pass up** your offer.
残念ながら、私たちはあなたの申し出をお断りしなければならないと思います。

73 ⭐ pick up the tab
勘定を払う

＊ tabはレストランなどの「勘定書；請求書」のこと。

Our company will **pick up the tab** for lunch.
私たちの会社で昼食代をもちますよ。

74 pin down
〜を押さえつける；〜に行動を強いる

Please **pin down** the client and get him to sign the contract.
顧客の心をしっかりつかんで、契約書にサインしてもらってください。

75 pitch in
協力する (= cooperate)；
〜を支援する (= assist)

If we all **pitch in** and do our part, we can get the job done.
もし私たちがみんな協力してそれぞれの役割をこなせば、その仕事をやり遂げることができるだろう。

重 □ do one's part　自分の役割を果たす

76 play 〜 by ear
その場の状況に合わせて〜を行う；
即興で〜を演奏する

We don't have a solid plan so we just have to **play** it **by ear**.
私たちはしっかりした計画がないので、ぶっつけでやるしかない。

77 play hardball
強気な態度をとる

We're trying to get him to sign the contract, but he's **playing hardball**.
私たちは彼に契約書にサインしてもらおうとしているが、彼はかたくなな態度をとり続けている。

LEVEL 4　動詞句 120

78 point the finger　　非難する；責める；指摘する

＊ 非難する対象を続けるときにはpoint the finger at 〜とする。

It's not good to **point the finger** when something goes wrong.
物事がうまくいかないときに、人を責めるのはよくないことだ。

⭐ 79 pore over　　〜をじっくり検討［研究］する

Ken **pored over** the documents for hours to prepare for the meeting.
ケンは会議に備えて、何時間も書類を検討した。

80 pull someone's leg　　（人を）からかう（= tease）

My assistant is a funny person and is always **pulling my leg**.
私のアシスタントはおもしろい人で、いつも私をからかっている。

CD-2・Track 30

81 pull strings　　人の力を利用して目的を達する；裏から手を回す

I had to **pull** some **strings**, but I sealed the deal.
私はコネを使わなければならなかったが、成約にこぎつけた。

□ seal the deal　契約を結ぶ（sealは「調印する；印を押す」）

⭐ 82 pull together　　協力する（= cooperate）；〜をまとめる

Let's all **pull together** as a team and get this done.
みんなチームとして一丸となって、これをやり遂げよう。

⭐ 83 put all your eggs in one basket　　1つの籠にすべての卵を入れる

＊「1つの事業にすべてを投じる」こと。Don't put all your eggs in one basket.は「リスクを分散せよ」という格言。

When it comes to investing, it's best not to **put all your eggs**

in one basket.
投資について言うなら、1つの籠に自分の卵をすべて入れないのがベストだ。

重 □ when it comes to　〜について言うなら

84 put forth　〜（アイデアなど）を提出する

Marcure Corp. **put forth** a proposal that's hard to turn down.
マーキュア社は、断るのが難しいような提案を出してきた。

重 □ turn down　〜を却下する

85 put in for　〜を願い出る (= ask for)；〜に申し込む (= apply for)

Jan **put in for** some vacation time today.
今日、ジャンは休暇を願い出た。

86 put [leave] ~ on the shelf　〜を棚上げにする

We had to **put** the project **on the shelf** due to lack of funds.
私たちは資金不足でそのプロジェクトを棚上げにしなければならなかった。

87 put out　〜を解雇する (= lay off)；〜（灯・火）を消す (= extinguish)；〜を発売する (= release)

Our boss refuses to **put out** any employee.
私たちの社長は断固として社員を解雇しない。

★ 88 put A through to B　（電話で）AをBにつなぐ

＊ connect A to Bと同意。

Can you please **put** me **through to** a customer service agent?
顧客サービス係につないでもらえませんか。

89 put your best foot forward　できるだけいい印象を与えようとする

Put your best foot forward and proceed with the work.
あなたの最高の印象を与えるようにして、仕事を進めてください。

重 □ proceed with　〜を進める

90 rain on someone's parade　（人の）いい気分を台無しにする

I don't mean to **rain on your parade**, but the client didn't accept your offer.
がっかりさせるつもりはないのですが、クライアントはあなたのオファーを受けませんでした。

CD-2・Track 31

91 ring a bell　ピンとくる；心当たりがある

I tried to remember him but his name doesn't **ring a bell**.
私は彼のことを思い出そうとしたが、名前が浮かばない。

92 rock the boat　現状を乱す；事を荒立てる

We're having a hard time with this client so please don't say anything to **rock the boat**.
私たちはこのクライアントのことでいろいろと大変なんです。話をややこしくすることは何も言わないでください。

93 ★ rule out　〜を除外する；〜を考慮から外す

We shouldn't **rule out** outsourcing as a way to finish the job in time.
我々は、この仕事を期日に終える方法として外部委託を除外すべきではない。

94 run through　〜を使い果たす (= spend)；〜を普及させる (= pervade)

We **ran through** the budget in less than a month.
我々は1カ月もしないうちに予算を使い果たしてしまった。

95 sell like hotcakes　飛ぶように売れる

Our new model is **selling like hotcakes**.
当社の新しいモデルは飛ぶように売れている。

96 ⭐ show one's hand
挙手をする (= raise one's hand);
手の内を明かす (= show one's cards)

All those in favor, please **show your hands**.
賛成の方は挙手をお願いします。

97 show someone the ropes
（人に）やり方を教える

John was the one who **showed** me **the ropes** when I started working here.
ジョンは、私がここで働き始めたとき仕事のやり方を教えてくれた人です。

98 sit on the fence
どっちつかずの態度でいる (= be undecided)

We can't afford to **sit on the fence** with this proposal.
私たちはこの提案について態度を保留にしている余裕はない。

重 □ afford to *do* 〜する余裕がある；〜しても差し支えない

99 sleep on
〜について一晩考える

Sleep on it and let me know if you want to buy our goods in the morning.
一晩ゆっくりと考えていただき、当社製品を購入されたい場合には午前中にもお知らせください。

100 step up
〜を強化する (= strengthen);
〜を増大させる (= increase)

The mayor told the police chief to **step up** security during the official's visit.
市長は、その政府高官の訪問のあいだ警備を強化するよう警察署長に命じた。

LEVEL 4 動詞句120

社員はデータに手を加えることを許されていない。

107 ⭐ teem with　〜でいっぱいである；〜に満ちあふれている

＊be full of や abound in が類義の動詞句。

The park was **teeming with** tiny insects.
公園は小さな昆虫でいっぱいだった。

108 throw cold water on　〜に水を差す；〜を阻む

The government **threw cold water on** the proposed merger.
政府は提案された合併に水を差す対応をした。

109 tide 〜 over　（お金などの支援で）〜（困難など）を乗り切らせる（= keep 〜 going）

Let's have a snack to **tide** us **over** until dinner.
夕食まで乗り切れるように、おやつを食べましょう。

110 tip over　〜をひっくり返す（= overturn）

Be careful not to **tip over** the vase.
花瓶をひっくり返さないように注意してください。

□ vase 名 花瓶

CD-2・Track 33

111 touch base with　〜と連絡を取る

Jan will **touch base with** the client today.
今日、ジャンはそのクライアントと連絡を取るつもりだ。

112 trip on　つまづく（= stumble）

Neil **tripped on** some wires and broke his leg.
ニールは配線につまずいて、脚を骨折した。

113 turn the clock back　時計を逆に回す；時代に逆行する

Our cosmetics will help you **turn the clock back**.
当社の化粧品は古い時代を思い起こさせてくれるでしょう。

- □ cosmetics　名 化粧品

114 turn the tables　立場［方向］を逆転させる

＊ 通常、不利な状況を有利な状況に転換する場合に使う。

We must **turn the tables** on global warming.
私たちは地球温暖化の流れを逆転させないといけない。

- □ global warming　地球温暖化

115 twist one's arm　（人を）無理強いする (= coerce, force)

You don't have to **twist my arm** to have dinner with you.
夕食なら喜んでご一緒しますよ。

★ 116 walk out　退席する；離れる

＊ **walk out on**で「（人を）見捨てる；（人の）もとを去る」。

Please don't **walk out** on the important meeting.
その大切な会議をすっぽかさないように。

117 wear down　～を疲れさせる (= exhaust)；～を徐々に減らす (= reduce slowly)

Too much stress **wears** me **down**.
ストレスが大きすぎて私は参っている。

118 weed out　～を取り除く (= eliminate)

＊ 名詞のweedは「雑草」の意で、動詞では「（雑草を）取り除く」が原意。

Let's **weed out** the unqualified applicants for the job.
その仕事に不適格な候補者を除外しましょう。

- ☐ unqualified 形 資格のない；不適任の

119 ★ wipe out
〜を一掃する（= erase）；
〜を撃退する（= destroy）

Scientists are working hard to try and **wipe out** the disease.
科学者たちはその病気を撃退しようと賢明に努力している。

- ☐ disease 名 病気

120 work one's way up
自力で上りつめる

Richard **worked his way up** the corporate ladder.
リチャードは自力でその会社で出世した。

- ☐ corporate ladder （組織の）出世の階段

基本動詞の使い方⑥ keep

●コア概念
「持ち続ける」が基本概念で、haveを持続すること。「（規則を）守る」「（伝統などを）維持する」「世話をする」などはいずれも一回きりの行為ではなく、継続性があるのでkeepの概念に合致する。

●意味の広がり
- そのままでいる → **keep** calm（静かにしている）
- とどめる → **We won't keep you long.**
  （長くひきとめるつもりはありません）
- 遵守する → **keep** rules（規則を守る）
- 維持する → **keep** a tradition（伝統を守る）
- 世話をする → **keep** a garden（庭の手入れをする）
- 書き続ける → **keep** a diary（日記をつける）

●重要な結びつき
keep a secret（秘密を守る）　　**keep** in shape（体調を維持する）
keep the books（帳簿を付ける）　**keep** Christmas（クリスマスを祝う）
keep early hours（早起きする）
keep someone waiting（人を待たせる）
You can keep the change.（おつりはとっておいて）

LEVEL 4 ─── イディオム80

CD-2・Track 34

1. a flurry of　　　突然の〜；相次ぐ〜

* flurryは「突然の動揺・混乱；突風」の意。in a flurryで「あわてて；うろたえて」。

There was **a flurry of** excitement surrounding the President's visit.
大統領の訪問をめぐって興奮がわき起こった。

重 □ surround　動 〜を取り囲む

2. above board　　　公明正大な［に］；率直な［に］

The lawyer must always check to make sure all transactions are **above board**.
その弁護士は、すべての取引が公正であることを確かめるために、常にチェックを怠れない。

重 □ transaction　名 取引

3. ace in the hole　　　とっておきの切り札；奥の手

* 同様の意味で、**ace up one's sleeve**という言い方もある。

The new deal is our **ace in the hole**.
その新しい取引は我々の切り札となるものだ。

4. acid test　　　厳密な検査；試金石

* 硝酸（nitric acid）を使って金質検査（gold test）をしたことから。

We released the new product early as an **acid test**.
我々は、試金石の意味で新製品を早めに発売した。

5 against the clock　　時間と競争して；せかされて

* **watch the clock**と言えば「(社員が) 終業時刻ばかり気にする」こと。

We're racing **against the clock** to get this project done.
このプロジェクトを完了するため、我々は時間と戦っている。

6 alive and kicking　　元気旺盛で；絶好調で

My old computer is still **alive and kicking**.
私の古いパソコンはまだとても調子がいい。

7 at a snail's pace　　ひどくゆっくりと

* snailは「かたつむり」で、動きが遅いことを表す。e-mailに対して、旧来の「普通の郵便」をsnail mailと言う。

There aren't enough workers so the project is moving **at a snail's pace**.
労働者の数が足りないので、そのプロジェクトは遅々として進まない。

⭐ 8 at arm's length　　寄せ付けなくて；腕を伸ばせば届く範囲に

We must keep our competitors **at arm's length**.
我々は競合他社を寄せつけないようにしなければならない。

9 at loose ends　　すべきことがなくて；(問題などが) 未解決で

We were **at loose ends** when we didn't seal the deal.
その取引に調印しなかったときには、私たちは何もすべきことがなかった。

10 at the end of the day　　最終的に；結局は

* **in conclusion**と同意。

At the end of the day it's the quality of a product that counts.
結局のところ、重要なのは製品の品質である。

□ count　動 重要である；価値がある

CD-2 · Track 35

11. at the helm — 指揮をとって；実権を握って

* helmは「指揮；支配」の意。会社などの支配権を指す。**at the helm of**で「〜の実権を握って」。

The large corporation had a change **at the helm**.
その大手企業は経営陣が入れ替わった。

12. back and forth — 行きつ戻りつして

The president went **back and forth** on his decision to sign the contract.
社長はその契約書にサインするのに逡巡した。

13. back to square one — 振り出しに戻って

* square oneで「出発点；始点」の意。

We couldn't get the proper funding for the project so we had to go **back to square one**.
そのプロジェクトの資金調達がうまくいかなかったので、我々は振り出しに戻らなければならなかった。

- □ proper 形 適切な

14. behind bars — 刑務所に入って (= in prison)

* barsは「（牢屋の）鉄格子」のこと。単数でat the barなら「法廷で」。the barは集合的に「法律職；法曹界」の意。

The police caught the suspect and put him **behind bars**.
警察は容疑者を逮捕して、投獄した。

- □ suspect 名 容疑者

15. big cheese — お偉方；大物

* an important personのこと。

200

Ron is the **big cheese** in this company.
ロンはこの会社の幹部である。

16 big fish in a small pond　小組織の大物；井の中の蛙

He is successful because he is a **big fish in a small pond**.
彼が成功しているのは、小さな組織で活躍しているからだ。

17 ★ big picture　全体像；大局

Fran gave us a presentation to show us the **bigger picture**.
フランは、我々に全体像をさらにしっかりと示すためにプレゼンテーションをした。

18 butterflies in one's stomach　神経質（になって）；緊張（して）

＊butterfliesには「神経質；過敏」の意味がある。**have butterflies**でも「神経質になる」を表せる。

She always gets **butterflies in her stomach** when she steps on stage.
彼女は演壇に上がるときには、いつも緊張してしまう。

19 by halves　中途半端に

＊halvesはhalfの複数形。**go halves**なら「折半する」。なお、動詞のhalveは「2つに分ける」の意。

We do not tolerate employees who do things **by halves**.
私たちは仕事を中途半端にする社員には我慢できない。

□ tolerate　動 ～に耐える

20 cheap shot　卑劣な言動

＊take **a cheap shot** atで「～に対して卑劣な言動をする」。

A good salesperson must never take a **cheap shot** at someone.
よき販売員は人様に対して卑劣な言動をしてはいけない。

CD-2・Track 36

21 class act 　　一流の人［物］

Our CEO is a tactful man and a real **class act**.
私たちのCEOは思慮深い人で、本当の一流人だ。

□ tactful　形 思慮深い；気の利く

22 cold shoulder 　　（知人に対する）よそよそしい態度；冷遇

The secretary always gives me the **cold shoulder**.
秘書はいつも私によそよそしい態度をとる。

23 cold turkey 　　（悪習慣を断つことなどを）即座に

＊名詞として「依存性の習慣を断ち切ること」の意味でも使う。

Sometimes it's best to quit a habit **cold turkey**.
時には習慣を即座に断ち切るのが最良の選択だ。

24 ★ deep pockets 　　十分な資金

＊have **deep pockets**で「金持ちである」。

Lou always has **deep pockets**.
ルーはいつもお金に恵まれている。

25 ★ double-edged sword 　　両刃の剣

＊物事や状況には肯定的な面と否定的な面の両方があることを表す。

The interest rate cut can be a **double-edged sword**.
金利の引き下げは両刃の剣になりうる。

26 ★ every cloud has a silver lining 　　苦あれば楽あり

＊liningは「（衣服の）裏地」の意。暗い雲の裏側は太陽に照らされているということから、「困難な状況でも明るい未来が隠されている」という意味の決まり文句。

Things will get better because **every cloud has a silver lining**.
苦あれば楽ありですから、いずれ状況はよくなりますよ。

27 **face value** 　　　　　額面（価格）

I bought the stock at **face value**.
私はその株式を額面価格で買った。

28 **fair and square** 　　　　　正しく；正攻法で

＊「正しい；正攻法の」の意の形容詞としても使える。

Dave won the game **fair and square**.
デイブはその試合を正攻法で戦い勝利した。

29 **far and wide** 　　　　　あまねく；至る所に

I searched **far and wide** for the best Internet provider.
私は最良のインターネット・プロバイダーをいろいろと探した。

30 **food for thought** 　　　　　思考の糧；考えるべきこと

The book I'm reading gives me plenty of **food for thought**.
私が読んでいる本は私に多くの考えるヒントを与えてくれる。

CD-2・Track 37

31 **foot in the door** 　　　　　足がかり；きっかけ

＊セールスマンが玄関先で追い返されそうになったときに、足をドアに挟んで売り込みを続けることから。

The salesperson met with the customer to get her **foot in the door**.
販売員はその顧客に会って、足がかりをつくった。

32 for kicks
気晴らしに；スリルを得るために

Let's go to an amusement park today, just **for kicks**.
今日は気晴らしに遊園地に行きましょう。

★ 33 grey area
どっちつかずの領域；
違法すれすれの行為

＊ 日本語では「グレイゾーン」と言う。

The contract has a **grey area**.
この契約書にはあいまいな部分がある。

34 happy medium
妥協点；折衷案

＊ strike a **happy medium**（中を取る；譲り合う）という言い方もある。

Let's settle on a **happy medium**.
妥協点で折り合いましょう。

重 □ settle 動 和解する；決着をつける

35 hard and fast
厳格な；揺るぎない

There are no **hard and fast** rules in this company.
この会社には厳格な規則というものがない。

36 hard sell
受け入れることが困難な（提案）；
強引な（販売手法）

＊ 名詞としても形容詞としても使う。名詞の例は、John's ambitious proposal will be a **hard sell**.（ジョンの野心的な提案は受け入れがたいものでしょう）

The new sales campaign will use a **hard-sell** approach.
新しい販売キャンペーンは強引な手法を用いることになる。

★ 37 head start
幸先のいいスタート；
相手より有利なスタート

I cancelled my vacation and decided to work in order to get a **head start** on the project.
私は休暇を取り下げて、そのプロジェクトで幸先のいいスタートを切るために働くこと

CD-2 · Track 32

101 stick up for　　〜を支持する；〜を擁護する

＊**stand up for**が同意の動詞句。

The group was formed to **stick up for** animal's rights.
そのグループは動物の権利を保護するために設立された。

□ form　動 〜を設立する

102 suit oneself　　自分の好きなようにする

＊「自分の意志で決定・行動する」という意味。

If you don't want to go to the party then **suit yourself**.
パーティーに出たくなければ、お好きにどうぞ。

103 take a back seat　　目立たない；二の次となる

This small project **takes a back seat** to the one I'm working on now.
この小さなプロジェクトは、今私が進めているものに比べれば目立たないものだ。

104 take away from　　〜の価値を落とす

The old furniture **took away from** the nice atmosphere of the office.
その古い家具はオフィスの素敵な雰囲気を損なっていた。

105 take the place of　　〜の後任になる；〜の地位を占める

Who will **take the place of** Mr. Wills when he retires?
ウィルスさんが引退したら、だれが後を継ぐのでしょう？

106 tamper with　　〜に手を加える；〜をいじる

Employees are not allowed to **tamper with** data.

を決意した。

38. **heart isn't in [into] it** 心がこもっていない；心ここにあらず

Jan has been working on the project but her **heart isn't into it**.
ジャンはそのプロジェクトの仕事をしているが、熱意が感じられない。

39. **hot water** 窮地；苦境

If we miss the deadline we'll be in **hot water**.
もし納期を守れなかったら、我々は窮地に陥るだろう。

40. **in a bind** とても困って

* bindにはpredicament（苦境；窮状）の意味がある。

I lost my wallet and am **in a bind**.
私は財布をなくして、困っています。

CD-2・Track 38

★ 41. **in a jam** 窮地に陥って；困って

* **in a jam**には「(コピー機やプリンタの) 紙が詰まって」の意味もある。

We will need to outsource if we find ourselves **in a jam**.
もしにっちもさっちもいかなくなったら、我々は外部に委託しなければならないでしょう。

★ 42. **in a nutshell** ひと言で；きわめて簡潔に

* in a fewest possible wordsの意。

The CEO will explain the changes to the business **in a nutshell** at the meeting.
CEOは会議で、その事業の変更点を簡単に説明するつもりだ。

43 in lieu of 〜の代わりに (= instead of)

The customer accepted store credit **in lieu of** a cash refund.
その顧客は返金の代わりにストアクレジットを受け入れた。

□ store credit　ストアクレジット（その店だけで使える金券）

44 in phases 段階的に

＊phaseは「段階；工期」の意。

We will finish the building **in phases** over this year.
今年いっぱいかけて、我々はそのビルを段階的に完成させる予定だ。

45 ins and outs 何もかも；裏と表

The broker taught us all the **ins and outs** of stock trading.
その証券ブローカーは私たちに株式取引の何もかもを教えてくれた。

46 inside out 完全に；表裏に

Carol has been here many years and knows this business **inside out**.
キャロルは長年この会社にいるので、このビジネスに精通している。

47 larger than life 実物より大きい；実際の本人より目立つ

Sometimes our problems seem **larger than life** when we are stressed.
ストレスがたまっていると、ときどき私たちが抱える問題は実際のものよりも大きく思えてしまう。

48 last straw 我慢の限度を超えるもの；決め手

＊The **last straw** breaks the camel's back.（藁の積み荷の最後の一束がラクダの背骨を折る→度を越せば大事になる）ということわざより。

When Jack lost his temper it was the **last straw** and he was

fired.
ジャックは怒りを爆発させ、それが決め手になって彼は解雇された。

- □ lose one's temper　怒りを爆発させる　　□ fire　動 ～を解雇する

49 light at the end of the tunnel　前途の光明；解決の糸口

It's hard to see the **light at the end of the tunnel** during a depression.
不況のときには、前途になかなか光は見えない。

- □ depression　名 不況

50 lion's share　最大の分け前

We have to make sure that the distributors don't get the **lion's share** of the profits.
私たちは、販売業者が収益の最大の分け前にあずかれないことを確かめておく必要がある。

CD-2・Track 39

51 long shot　大きな賭け；大穴

＊「本命」はfavorite。

It's a **long shot**, but I applied for a job that I think I'm not qualified for.
それは大きな賭けだが、私は自分にその資格がないと思う職に応募してみた。

- □ qualified (for)　形 ～の資格［資質］がある

52 night owl　夜型の人；宵っぱり

＊owlは「フクロウ」。

I've been a real **night owl** lately and feel tired every day.
最近、私は完全に夜型の生活をしていて、毎日疲れた状態です。

53 □ **no time to lose** 　　一刻の猶予もない

We need to launch our new model tomorrow so we have **no time to lose**.
我々は明日、新モデルを発売しなければならないので、一刻の余裕もない。

重 □ launch　動 ～を発売する；～を開始する

54 □ **nothing ventured, nothing gained** 　　冒険しなければ得るものはない；虎穴に入らずんば虎子を得ず

I'm asking for a raise because I believe **nothing ventured, nothing gained**.
虎穴に入らずんば虎子を得ずと思い、私は昇給を願い出ている。

★ 55 □ **odds and ends** 　　雑用；がらくた

Before we draw up the contract we need to tie up a few **odds and ends**.
私たちは契約書を書き上げる前に、いくつか雑用を片づけなければならない。

重 □ tie up　～を完了する

56 □ **on the block** 　　売りに出して（= for sale）；競りに出して（= at auction）

The millionaire put his house **on the block**.
その億万長者は自宅を売りに出した。

★ 57 □ **on the brink of** 　　～に瀕して；～の寸前で

The state is **on the brink of** a budget disaster.
その国は財政破綻の瀬戸際にある。

重 □ disaster　名 惨事；最悪のこと

58 □ **on the dot** 　　時間通りに（= precisely）

The client arrived at 2:00 p.m. **on the dot**.

クライアントは午後2時ぴったりに到着した。

59 on the loose　　逃亡中で（= fugitive）；自由で（= free）

＊ **at loose ends**（何もすることがなくて）。

The prisoner escaped yesterday and is still **on the loose**.
その受刑者は昨日逃亡し、まだ拘束されていない。

60 on the same page　　同じ考えを持って

＊2人以上の人が合意していることを表す。

Let's make sure we're **on the same page** as the client with this assignment.
この仕事について我々がクライアントと同じ考えかどうか確かめましょう。

- □ assignment　名 業務

CD-2・Track 40

61 on the verge of　　〜に瀕して；今にも〜しようとして

＊ vergeは「端；ふち」の意。

The corporation is **on the verge of** bankruptcy.
その会社は倒産に瀕している。

62 on the way out　　廃れかけて；落ち目で

That trend is **on the way out** so our designer is working on something new.
そのトレンドは廃れかけているので、私たちのデザイナーは新しいものを考案している。

63 out and about　　外出して

Paul took a break and is **out and about** tonight.
ポールは、今夜は休みを取って出かけています。

64 out of pocket   自腹で［の］；損をして

We were reimbursed for our **out-of-pocket** expenses.
私たちは自腹で支払った経費を払い戻してもらった。

□ reimburse　動 〜を払い戻す

65 over the top   過度な［に］；法外な［に］

I think the actor's performance was **over the top**.
その俳優の演技はやり過ぎだと思います。

66 packed like sardines   すし詰め状態の

＊sardine（イワシの幼魚）が缶に詰まっている状態から。

We are always **packed like sardines** on the rush hour trains.
ラッシュの時間帯の電車で私たちはいつもすし詰め状態です。

67 pet peeve   不満の種；人を怒らせるもの

＊peeveは「苛立ち；不満」の意。

People who have no manners are my **pet peeve**.
マナーがなっていない人に私はいらいらする。

68 plan B   第二の手段；次善の策

Our original idea didn't work so let's move on to **plan B**.
私たちの元のアイデアは不調に終わったので、次善の策で行きましょう。

69 sink or swim   いちかばちか

Finance is a fast-paced industry, so we could **sink or swim**.
金融は変化の激しい業界なので、我々は浮沈が定まらない。

70. slim chance — 望み薄；見込みが少ないこと

Without their star player, the team had a **slim chance** of winning the game.
スタープレイヤーがいなかったので、そのチームが試合に勝つのは望み薄だった。

CD-2・Track 41

71. sticking point — （事業・計画などの進行を妨げる）障害となるもの

The high cost of the venture is the **sticking point**.
その事業は経費がかかりすぎるのがネックだ。

72. tipping point — 転換点

＊ 小さな出来事が積み重なって、大きな流れに変わる節目を指す。

Our profits seem to be at the **tipping point**.
我が社の利益は転換点にあるようだ。

73. under any circumstances — どんなことがあっても

＊ **under no circumstances**（どんなことがあっても〜ない）

We cannot refund your money **under any circumstances**.
当社はいかなる場合でもお客様に返金いたしません。

74. under fire — 攻撃・非難を受けて

The politician was **under fire** for accepting campaign money from the corporation.
その政治家は、その企業から選挙運動資金を受け取ったとして非難された。

75. under one's nose — すぐ目の前に

＊ **on the nose**（時間通りに；正確に）

The solution to the problem was right **under his nose**.
その問題の解決策は彼のすぐ目の前にあった。

76 up to par — 標準［平均］に達して (= good enough)

* parはゴルフのパーからもわかるように「標準」の意。「等価」の意もあり、on a par withで「～と同等で」。

We need to pick a service that's **up to par** with our standard of quality.
我々は自社の品質水準に達したサービスを採用しなければならない。

77 up to speed — 事情をよく理解して (= fully informed) ; 期待通りの速さで (= at anticipated speed)

I called this meeting today to bring you **up to speed** on the building renovations.
私が今日この会議を招集したのは、みなさんにこのビルの改修についてよく理解していただくためです。

重 □ renovation 名 改修；リフォーム

78 walking papers — 解雇通知 (= notice of dismissal)

I heard that Frank got his **walking papers**.
私はフランクが解雇通知を受け取ったと聞きました。

79 wet behind the ears — 未熟な；経験不足の

* 生まれたばかりの赤ちゃんの耳の裏が濡れていることから、「未経験な」という意味を表すようになった。

The new recruits are still **wet behind the ears**.
新入社員たちはまだ経験不足だ。

重 □ new recruit 新入社員

80 white lie — 罪のない嘘

* 特に、他人の感情を気遣ってつく嘘のことを指す。

Karen is always telling little **white lies**.
カレンはいつもたわいない嘘をつく。

Conversational Expressions
頻出会話表現100

リスニング・セクションで威力を発揮する

CD-2 · Track 42 ●CDには例文、または見出し表現（例文がない場合）が収録されています。

1 Are you being served?
ご注文はうかがっていますか。

＊レストランなどで店員が客に確認するときの決まり文句。

A) Hello, sir. **Are you being served?**
B) No. May I order?
A) お客様、こんにちは。ご注文をうかがっておりますでしょうか。
B) まだです。注文してもいいですか。

2 Are you following me?
ここまでのところはいいですか。／
言っていることがわかりますか。

＊自分の話が相手に通じているかどうかを確認するときに使う。

A) **Are you following me** on this?
B) Sure, I understand what you mean.
A) このことについて、おわかりですか。
B) 大丈夫です。おっしゃることは理解しています。

3 Are you sure ～?
～がわかっていますか。／
～は確かですか。

Are you sure the report is due today?
リポートの締め切りが今日だとわかっていますか。

□ due 形 期限が来て

4 Be my guest.
いいですよ。／どうぞ。／
ご遠慮なく。

＊許可をするときの決まり文句。Be my guest here.なら「ここ（の勘定）は私が持ちます」。

A) May I sit down?
B) **Be my guest.**
A) 座ってもいいですか。
B) どうぞ。

5 better than (I) expected　期待した以上の〜

Last month's sales were **better than I expected**.
先月の売り上げは私の予想以上だった。

6 Can I take a rain check?　別の機会に誘ってください。

＊rain checkは「（スポーツの試合などの）雨天順延券」のことで、一般的に相手の誘いを断って「次はぜひ」と言うときに使う。

A) Would you like to see a movie tonight?
B) I'm too busy. **Can I take a rain check?**
A) 今夜、映画を見に行きませんか。
B) とても忙しいんです。またの機会にぜひ。

7 Cash or charge?　お支払いは現金ですか、クレジットカードですか。

＊買い物をして勘定をしてもらうとき、店員が聞く決まり文句。

8 Could you be more specific?　もう少し詳しく話してもらえませんか。

＊specificは「具体的な；詳しい」の意。

Could you be more specific about what you'd like me to do?
私にしてほしいことをもっと詳しく話していただけますか。

9 Count me in.　私も（数に）入れてください。

＊参加の意志を表明するときに使う。逆はCount me out.（私は外しておいてください）。

A) The project will start soon. Are you on board?
B) **Count me in.**
A) プロジェクトがもうすぐ始まります。あなたも参加しますか。
B) 私も参加させてください。

重　□ on board　（飛行機・船などに）乗って；参加して

頻出会話表現 100

10 Do you have the time?　今、何時ですか。

* Do you have time?なら「少し時間がありますか；今いいですか」の意。これはDo you have a minute?などとも言える。

CD-2・Track 43

11 Don't mention it.　どういたしまして。

* 相手の感謝の言葉に応じる言い回し。My pleasure. / Not at all. / I was happy to do it. / You are very welcome.などの言い方もある。

A) Thanks for your help with the presentation.
B) **Don't mention it.**
A) プレゼンでは助けていただき、ありがとうございます。
B) どういたしまして。

12 Drop in anytime.　いつでもお立ち寄りください。

We're always here so **drop in anytime**.
私たちはいつもここにいますから、いつでもお立ち寄りください。

13 For here or to go?　店内で食べますか、それともお持ち帰りですか。

* ファストフード店で店員が聞く決まり文句。ただし、これはアメリカ式。イギリスではEat in [here] or take away?になる。

14 How can I help you?　ご用件をうかがいます。／いらっしゃいませ。

* 会社の受付や店の店員が声をかけるときの決まり文句。困った様子の人を見かけたときに、「何かお困りですか」と声をかけるときにも使える。

A) **How can I help you?**
B) I'm here to see Mr. Burns. Is he in?
A) どのようなご用件でしょうか。
B) バーンズさんにお会いしに参りました。いらっしゃいますか。

15 How come ~? どうして~？／なぜ~？

＊ Whyと同様の意味になる。

A) **How come** you're here early today**?**
B) I have a deadline today.
A) 今日はどうして早く出社しているの？
B) 今日は締め切りを抱えているのよ。

16 How do you like ~? ~はいかがですか。

＊ 相手の感想を聞くのに使う。

A) **How do you like** working for Zed Corporation**?**
B) It has its ups and downs.
A) ゼド社の働き心地はどうですか。
B) いろいろありますよ。

□ ups and downs 浮き沈み；波瀾万丈

17 How have you been? 最近はいかがですか。

＊ あいさつのときの決まり文句。

A) **How have you been?**
B) Good, thanks. And you?
A) 最近はいかがですか。
B) いいですよ、ありがとう。あなたのほうは？

18 I can go with that. それに賛成です。

A) Why don't we outsource some of the work?
B) **I can go with that.**
A) この仕事の一部を外部委託しませんか。
B) 私もそれに賛成です。

19 I got it. わかりました。

A) Can someone grab the phone, please?
B) **I got it.**
A) だれか電話をとってもらえます？
B) 私がとります。

- grab the phone　電話をとる

20 I'd appreciate it if 〜. 〜していただけるとありがたいのですが。

* 丁寧な依頼。メールやレターでもよく使う。if以下は仮定法なので、助動詞は過去形を使う。

I'd appreciate it if you would let me know what your schedule is this week.
今週のあなたの予定をお知らせいただけるとありがたいのですが。

CD-2・Track 44

21 I'd rather 〜. （どちらかと言うと）〜したい。

A) Would you like to go out to a restaurant tonight?
B) **I'd rather** eat in tonight.
A) 今夜、レストランで外食をしませんか。
B) 今夜は自宅で食べたいです。

22 I'll be with you in a moment. すぐそちらにまいります。

A) Please have a seat. **I'll be with you in a moment.**
B) Thank you.
A) どうぞ、おかけになっていてください。すぐにそちらにまいります。
B) ありがとうございます。

23 I'll expect you 〜. お待ちしております。

* 待ち合わせのときは、expectを使うのが丁寧。

I'll expect you at five.
5時にお待ちしております。

24 I'll miss you.　　寂しくなりますね。

＊ 転勤などで別れる相手に。I miss you.（あなたがいなくて寂しい）なら、今離れている相手に向かって言う表現。

A) I've been transferred to another branch.
B) Really? **I'll miss you.**
A) 別の支店に転勤することになったんです。
B) 本当ですか。寂しくなりますね。

□ transfer　動 ～を転勤させる

25 I'll take this.　　これをいただきます。

＊ お店で買うものを決めたときに、店員に。

A) **I'll take this.**
B) OK. That'll be $25.95.
A) これをいただきます。
B) かしこまりました。25ドル95セントいただきます。

26 I'm afraid not.　　残念ながら、できそうにありません。

＊ 相手の依頼や願いに応じられないときの応答。

A) Will you be able to attend the morning meeting?
B) **I'm afraid not.** I have too much on my plate.
A) 朝の会議に出席できますか。
B) 残念ですが、できそうにないです。いろいろ立て込んでいまして。

□ have too much on my plate　やることがたくさんある（too muchのところはa lotやso muchなども使う）

27 I'm also a stranger around here.　　私もこのあたりは不案内なんです。

＊ 道を尋ねられて、「よくわからない」と答えるときに。

A) Excuse me. Can you tell me how to get to city hall?
B) Sorry, I can't. **I'm also a stranger around here.**
A) すみません。市役所にはどう行けばいいのでしょう？
B) ごめんなさい。私もこのあたりはよく知らないんです。

重　□ city hall　市役所

28 I'm just browsing.　　見ているだけです。

＊ 洋服店などで、店員に声をかけられたときにかわすひと言。browseは「見て回る」の意。I'm just looking.とも言う。

A) Can I help you find something?
B) No, thanks. **I'm just browsing.**
A) お探しのものがございますか。
B) けっこうです。見ているだけですから。

29 I'm on your side.　　私がついていますよ。

＊ 相手を励ますときなどに。

Always remember that **I'm on your side**.
私がついていることをいつも忘れないでね。

30 I'm really impressed.　　感心しました。

＊ 相手のスピーチや商品などに感銘を受けたときに。

A) You did a great job. **I'm really impressed.**
B) Thanks a lot.
A) すばらしい仕事ぶりだね。感心したよ。
B) ありがとうございます。

CD-2・Track 45

31. I'm sorry to hear that. / それはお気の毒に。

* 訃報や事故、解雇などよくない知らせに接して。喜ばしい知らせに接したときは、I'm happy to hear that.

A) My father got sick and is in the hospital.
B) **I'm sorry to hear that.** I hope he recovers soon.

A) 父が病気になって、入院したんです。
B) それはお気の毒に。早くよくなるといいですね。

□ recover 動 回復する

32. I wish I could, but 〜. / 残念ですが〜。

* 相手の誘いを断るときのひと言。I'd like to, but 〜.などとも言える。

A) Would you like to join me for dinner after work?
B) **I wish I could, but** I have to finish inputting this data.

A) 仕事の後、一緒に食事に行きませんか。
B) 残念ですが、私はこのデータの入力作業を終えなければならないんです。

33. Is everything all right? / すべて順調ですか。

* 相手に気遣うひと言。レストランで、店員が客に声をかけるときの接客表現でもある。

A) You look upset. **Is everything all right?**
B) I just got my exam results and I didn't do well.

A) 落ち込んでいるみたいだね。うまくいかないことがあるのかい？
B) 試験の結果が届いたの。出来が悪かったのよ。

□ upset 形 気分が動転して；落ち込んで；怒って

頻出会話表現 100

34. It depends.
場合によりますね。

* depend on（〜による）のon以下を省略した言い方。ビジネスでは取引条件によって判断が変わるので、交渉のときなどによく使う。

A) Are you going on that business trip to Asia?
B) **It depends.** We need to check the budget.
A) あのアジア出張に出かけるのですか。
B) 場合によりますね。予算を調べてみないと。

35. It doesn't matter to me.
かまいません。／私には関係ありません。

* matterは「重要である」の意。同意の表現としても使える。

A) Do you want to work at the booth or hand out flyers?
B) **It doesn't matter to me.** I can do both.
A) ブースで仕事をしますか、それともチラシを配りますか。
B) かまいませんよ。どちらでもします。

□ flyer 名 チラシ

36. It goes without saying that 〜.
〜は言うまでもありません。

It goes without saying that James is the hardest worker in this firm.
ジェームズがこの会社で一番の働き者であることは言うまでもない。

37. It looks like 〜.
〜しそうです。

* like以下には、例文のように文を続けることも、名詞を続けることもできる。

It looks like it'll rain today.
今日は雨が降りそうです。

38. It's not my day.
今日はうまくいかない。

* 不運であったり、物事がうまくいかないときのひと言。

A) The client didn't accept the offer. **It's not my day.**
B) Don't worry. You'll be able to find another client soon.

A) クライアントがオファーを受け入れなかった。今日はうまくいかないよ。
B) 心配しないで。すぐに別のクライアントが見つかるでしょう。

39 **Just leave it to me.** 　　任せてください。

A) We have a big project coming up. Can you handle it?
B) **Just leave it to me.**
A) 大きなプロジェクトが持ち上がっているんです。あなたに頼めますか。
B) お任せください。

□ handle 動 ～を処理する；～を扱う

40 **Just the opposite.** 　　まったく逆です。

＊相手の話が事実と反対であるときに。

A) Did Wayne end up doing all the work?
B) **Just the opposite.** I did it all.
A) ウェインはその仕事を全部やったのかい？
B) まったく逆よ。私が全部やったのよ。

CD-2・Track 46

41 **Let me see ～** 　　ええと～／そうですね～

＊考えるためにひと呼吸置くときのつなぎ言葉。

A) Do you have any time to meet me today?
B) **Let me see** ... how about 3:00 p.m.?
A) 今日、私と会う時間がありますか。
B) ええと、午後3時でどうですか。

42 **Let's get down to business.** 　　仕事に取り掛かりましょう。／本題に入りましょう。

＊世間話から、仕事の話に入るときなどにも。

The meeting has started so **let's get down to business**.
会議が始まったので、仕事の話に入りましょう。

43. Let's get it done now.　もう終わりにしましょう。

＊仕事を切り上げるときのひと言。

A) It's after 8:00. **Let's get it done now.**
B) OK. I'd like to go home.
A) 8時を回りました。もう終わりにしましょう。
B) いいですね。帰宅したいですから。

44. Let's get started with 〜.　〜を始めましょう。

＊会話では「始める」の意で、get started withをよく使う。

Let's get started with the building plans.
その建設計画をスタートしましょう。

45. Let's proceed to 〜.　〜に進みましょう。

＊proceedは「進む；進行する」の意。

Let's proceed to the next page in your booklet.
（お配りした）小冊子の次のページに進みましょう。

□ booklet　名　小冊子

46. Let's say 〜.　例えば〜にしましょう。

＊相手の質問に対して、具体的な例を示すときに。

A) Have you picked a time when we can visit the client?
B) **Let's say** Monday at 1:00.
A) クライアントを訪ねる時間を決めましたか。
B) 月曜の1時にしましょう。

47. Let's take five.　一休みしましょう。

＊take fiveはもともと「5分間（ちょっと）休憩する」の意。

That's all we have to do for now. **Let's take five.**
これでひとまずすべきことは終わりました。一休みしましょう。

48. Looks good on you. — お似合いですよ。

＊ 相手の洋服などを褒めるときのひと言。

A) What do you think of my new coat?
B) **Looks good on you.**
A) 私の新しいコートをどう思いますか。
B) 似合っていますよ。

49. May I help you? — ご注文をどうぞ。／いらっしゃいませ。／ご用件をうかがいます。

＊ 会社で電話を受けるときは、ABC Company. May I help you?が決まった言い方。

A) **May I help you?**
B) Yes. I'd like a coffee to go, please.
A) ご注文をどうぞ。
B) ええ。コーヒーをテイクアウトでお願いします。

50. May I speak to 〜? — 〜さんをお願いできますか。

＊ 会社に電話をかけて、呼び出してもらうときの決まり文句。

A) **May I speak to** Ms. Lopez?
B) She's away from her desk at the moment. May I take a message?
A) ロペスさんをお願いいたします。
B) 彼女は今、席を外しております。伝言を賜りましょうか。

CD-2・Track 47

51. No matter how 〜. — いかなる〜であろうとも

＊ no matter what（たとえ何が〜であろうとも）

No matter how many hours I work I still can't get this project done.
何時間働いても、私はこの仕事を終えることができないでしょう。

52 No wonder ～.
～も不思議ではない。／～も当然である。

No wonder Mr. Giles hasn't called — he's on vacation.
ジャイルズさんが電話をしてこないのはもっともですね。彼は休暇中なのですから。

53 Not really.
あまり～でない。／いまひとつです。

A) Are you feeling OK?
B) **Not really.** I have a stomachache.
A) 気分はいかがですか。
B) あまりよくありません。胃が痛いんです。

★ 54 Nothing special.
とりたてて何もありません。

＊予定などを聞かれて、「特に何もない」と答えるときに。

A) What are you doing this weekend?
B) **Nothing special.** Why?
A) 今週末は何をするつもり？
B) とりたてて何も。どうして？

55 Paper or plastic?
紙袋とビニール袋のどちらがいいですか。

＊スーパーで、レジ係が買い物袋を紙製（paper）かビニール製（plastic）のどちらにするかを尋ねるときのひと言。

★ 56 Please feel free to ～.
遠慮なく～してください。

＊Please don't hesitate to ～. も同様の意味。

Please feel free to call me any time you need help.
助けが必要なときはいつでも遠慮なく電話してください。

57 Please forgive me for ～.
すみませんが～。

＊相手の仕事のじゃまをするときの切り出し文句。

Please forgive me for interrupting your meeting but there's an important call for you.

会議中にすみませんが、重要な電話が入っています。

● □ interrupt　動 邪魔をする；妨げる

58 Please help yourself.　お好きなものをお取りください。

＊料理などを相手に自由に取るように勧めるときの決まり文句。

Please help yourself. We have plenty to go around.
お好きなものをお取りください。たくさん用意していますから、見て回ってください。

59 Please make yourself comfortable.　どうぞおくつろぎください。

＊Please make yourself at home.やPlease feel at home.なども同意。

A) **Please make yourself comfortable.** Would you like anything to drink?
B) Yes, I'd like a cup of coffee, please.
A) どうぞおくつろぎください。何か飲み物はいかがですか。
B) それではコーヒーをいただけますか。

60 Please note that ～.　～にご留意ください。

Please note that the renovations to the office will take place next week.
事務所の改装工事が来週あることを覚えておいてください。

● □ renovation　名 改装；リフォーム

CD-2・Track 48

61 Same here.　私も同じです。／私も同じものを。

＊レストランでの注文で、同席した人と同じものを注文するときにも。

A) I'm so cold that I'm shivering.
B) **Same here.** We should turn on the heater.
A) 寒くて、震えてしまいそう。
B) 僕もだ。ヒーターを入れよう。

● □ shiver　動 震える

62 ⭐ Shall I have him [her] call you back?   折り返し電話させましょうか。

Mr. Sturgeon isn't in right now. **Shall I have him call you back?**
スタージョンはただいま席を外しております。折り返し電話させましょうか。

63 Simply put, ~.   簡単に言うと〜

* Quite frankly ~（率直に言うと）、In other words ~（言葉を換えると）、In fact ~（実のところ）などは、よく使う文頭表現。

Simply put, I think that the plan is way over budget.
簡単に言うと、この計画は予算を大幅にオーバーしていますね。

64 ⭐ So do I.   私も同じです。

* 相手の言ったことに対して、自分も同じであると答える言い方。倒置文でSoが文頭に出るので、助動詞も主語の前にくる。これは相手が肯定文で話した場合。相手が否定する内容に同意する場合は、Neither do I. となる。

A) I have two weeks for vacation.
B) **So do I.** Let's go somewhere together.
A) 私は2週間の休暇を取るの。
B) 僕もだ。一緒にどこかに行こうよ。

65 ⭐ So far, so good.   今のところ順調です。

* so farは「これまでのところ」。

A) How is the construction work coming along?
B) **So far, so good.**
A) 建設作業はどのような進行状況ですか。
B) 今のところ順調ですね。

66 So much for ~.   〜についてはそれだけに。／〜はあきらめるしかない。

* ①「for以下（話など）を切り上げることを示す」、②「for以下がうまくいっていないことを示す」という2種類の用法がある。

So much for that. My computer just crashed.

228

どうしようもないわ。パソコンがクラッシュしたの。

- □ crash 動 (パソコンが) 故障する；クラッシュする

67 Something is wrong with 〜.
〜の調子が悪い。／〜に問題がある。

Something is wrong with the fax machine. Can you get someone to fix it?
ファクスの調子が悪いんです。だれか修理に来てもらえませんか。

- □ fix 動 〜を修理する

68 Sounds good to me.
いいですね。

＊相手の誘いに同意を示す。主語のItが省略されている。

A) How about trying that new Indian place for lunch?
B) **Sounds good to me.**
A) ランチにあの新しいインド料理店に行ってみませんか。
B) いいですね。

- □ place 名 飲食店

69 Take your pick.
お好きなものを選んでください。

A) Where can I sit?
B) The seats in the front row are all available. **Take your pick.**
A) どこに座ればいいでしょう？
B) 前列の席はどこでも座れますよ。お好きに選んでください。

- □ row 名 列

70 Thank you for having me.
ご招待いただきありがとうございます。

＊having me overとoverを付けることもある。

A) Thanks for coming to dinner tonight.
B) **Thank you for having me.**
A) 今夜は夕食にお越しいただきありがとうございます。
B) ご招待いただき、感謝いたします。

CD-2 · Track 49

71. that is to say — つまり／すなわち／換言すると

＊結論を言ったり、わかりやすい言葉に言い換えたりするときに。

The deadline is tomorrow, **that is to say**, we will have to work all night.
納期は明日です。つまり、我々は徹夜で仕事をしなければいけないということですね。

✪ 72. That would be fine. — かまいませんよ。

A) Can I reschedule our appointment for tomorrow?
B) **That would be fine.**
A) 私たちの約束を明日にしてもいいですか。
B) かまいませんよ。

□ reschedule 動 予定を変更する

73. That's a relief. — 安心しました。

＊I'm relieved. も同意。

A) We don't have to work late after all. The boss is letting us go home.
B) **That's a relief.**
A) 私たちは遅くまで働く必要はなさそうよ。上司が帰ってもいいって。
B) 安心したよ。

74. That's news to me. — それは初耳ですね。

＊このnewsは「初耳の情報；驚くような情報」の意。

A) William doesn't work here any longer.
B) **That's news to me.** I just saw him last week.
A) ウィリアムはもうここで働いていないよ。
B) それは初耳ね。先週、彼に会ったばかりなのに。

75 That's too bad. | それはいけませんね。

* 相手が話す悪い情報に同情・共感するときに。

A) I have a terrible cold.
B) **That's too bad.**
A) ひどい風邪をひいてしまいました。
B) それはいけませんね。

□ terrible 形 ひどい

76 That's why 〜. | そういうわけで〜。

* Thatで前文までの理由・原因を受けて、why以下でその結果を説明する。

A) Jim's computer crashed and it affected the network yesterday.
B) **That's why** I installed some new antivirus software.
A) 昨日はジムのパソコンが壊れて、ネットワークがおかしくなりました。
B) 私はそれで、新しいウイルス対策ソフトをインストールしたんですよ。

□ affect 動 〜に影響を及ぼす

77 The sooner the better. | 早いほうがいいですね。

A) When would you like the report on your desk?
B) **The sooner the better.**
A) いつ報告書をデスクに提出しておけばよろしいですか。
B) 早いほうがいいですね。

78 Things could be worse. | 悪くないですね。

* これ以上状況が悪くなることもありえたので、現状はそれほどひどくない、という言い方。仮定法になっている。

A) Six clients cancelled on me today.
B) **Things could be worse.** They all could have cancelled.
A) 今日は6人の顧客からキャンセルを受けました。
B) 悪くないじゃない。顧客がみんなキャンセルすることもありえたんだから。

79 **This is on me.** ここは私が持ちます。

＊食事のとき、勘定をこちらで持つと言う場合に。「割り勘にしましょう」ならLet's split the bill.

A) How much do I owe you for lunch?
B) Don't worry about it. **This is on me.**
A) 昼食代の私の分はいくら？
B) 気にしなくていいよ。これは僕のおごりということで。

80 **We apologize for the inconvenience.** ご不便をおかけしたことをお詫びいたします。

＊inconvenienceは「不便；迷惑」という意味でビジネスでは多用する。

CD-2・Track 50

81 **We appreciate your patronage.** いつもご愛顧いただきありがとうございます。

＊patronageは「引き立て；愛顧」の意。

82 **We regret to inform you that ～.** 誠に申しわけありませんが～。

＊よくない情報を伝えるときの切り出し文句。

We regret to inform you that we don't have a position to offer you at this time.
誠に申しわけありませんが、現在、提示させていただけるポストがないことをお知らせいたします。

83 **What a shame.** お気の毒です。／それは残念ですね。

＊shameには「恥；不名誉」(disgrace) のほかに、「残念」(pity) の意味がある。これは後者。

Ms. Diaz lost her job. **What a shame.**
ディアスさんは失職しました。お気の毒です。

84 What can I do for you?
ご用件をうかがいます。／いらっしゃいませ。

＊May I help you?と同様、お客さんに声をかけるときに使う決まり文句。

A) **What can I do for you?**
B) Could you show me that watch in the case?
A) お気に入りのものがございますか。
B) ケースの中にあるその時計を見せていただけますか。

85 What do you mean by that?
それはどういう意味ですか。

＊相手の言った言葉の意味を確認するときの言い方。

You wrote "DAT." **What do you mean by that?**
あなたは「DAT」と書いていましたね。それはどういう意味ですか。

86 What do you say 〜?
〜はいかがですか。

＊勧誘表現として使う。

A) **What do you say** we grab a bite to eat?
B) Sounds good to me.
A) 軽く食事をするのはどうですか。
B) いいですね。

重 □ grab a bite 軽い食事をする

87 What if 〜?
もし〜ならどうなりますか。

What if it rains on Sunday? Should we cancel the event?
日曜日に雨ならどうなるのですか。そのイベントは中止にすべきでしょうか。

88 What's going on?
どうなっているのですか。

＊状況がわからないときなどに使う。

What's going on? Why are all the lights off?
どうなっているの？　どうして照明がみんな消えたの？

89. What's up? — どうしたの？

*「元気?」という挨拶としてもよく使う。

A) You're here early today. **What's up?**
B) I have a lot of work to do.
A) 今日は出社が早いね。どうしたの？
B) しなきゃいけない仕事がたくさんあるのよ。

90. When are you available? — いつが都合がいいですか。

I'd like you to look over a document. **When are you available?**
書類に目を通していただきたいのですが。いつがご都合よろしいですか。

CD-2・Track 51

91. Whichever you prefer. — お好きなものをどうぞ。

*いくつかあるものの中から相手に選択を勧めるときに。

A) Which piece of cake is mine?
B) **Whichever you prefer.**
A) どのケーキをいただけるのですか。
B) お好きなのをどうぞ。

92. Why don't we ～? — ～しませんか。

*勧誘表現。

Why don't we go for a drive today?
今日はドライブに行きませんか。

93. With pleasure. — 喜んで。

*同意を表す常用表現。

A) Could you file these papers for me?
B) **With pleasure.**
A) この書類をファイリングしてもらえますか。

B) 喜んで。

94. Would you mind *doing* ～?　〜していただけますか。

＊ 同意する場合にはNoを使うことに注意。No, go ahead.（かまいませんよ）

Would you mind speaking up? We seem to have a bad connection.
もう少し大きな声で話していただけますか。接続が悪いようです。

□ speak up　声を大きくする

95. You bet.　もちろんです。

A) Are you up for playing a round of golf today?
B) **You bet.**
A) 今日はゴルフを1ラウンドするんでしょう？
B) もちろんよ。

96. You are kidding.　ご冗談でしょう。

＊ 動詞kidは「冗談を言う；からかう」の意。

A) I have to work through the weekend.
B) **You are kidding.**
A) 週末ずっと仕事をしなければいけないんです。
B) まさか。

97. You are telling me.　その通りです。

＊ 相手の言葉に強く同意する場合に。

A) This economic situation has been hard on a lot of people.
B) **You are telling me.** Janet lost her job.
A) 今の経済状況は多くの人々にとって辛いものだね。
B) まったくその通りよ。ジャネットは仕事を失ったわ。

98 You have the wrong number. 間違い電話をおかけですよ。

A) Is this Mr. Hansen's residence?
B) **You have the wrong number.**
A) ハンセンさんのお宅でしょうか。
B) 間違い電話をおかけですよ。

□ residence 名 住居

99 You might like to ～. ～しましょう。／～しませんか。

＊丁寧な勧誘表現。

You might like to take a break before we start the second half of the presentation.
プレゼンの後半を始める前に、休憩を取りましょう。

100 You shouldn't miss it. お見逃しなく。

＊店の売り口上としてよく使う。

There's a big sale at Dawson's department store tomorrow. You **shouldn't miss it.**
ドーソン・デパートでは明日、大バーゲンセールを開催いたします。お見逃しのないよう、よろしくお願いいたします。

Business-related Phrases
ビジネス連語300

ビジネス会話・文書がしっかりわかる

CD-2・Track 52

1. 会 社

- ⭐ ☐ **board of directors** 取締役会
- ☐ **organization chart** 組織図
- ☐ **mission statement** 使命記述書；ミッションステートメント
  - ＊会社の中長期的な使命を簡潔に記した文章のこと。
- ☐ **social responsibility** 社会的責任
  - ＊community responsibilityとも言う。
- ⭐ ☐ **corporate headquarters** 本社
  - ＊headquartersのみでも本社の意。他にhead officeなどとも言う。
- ☐ **corporate governance** 企業統治；コーポレートガバナンス
- ⭐ ☐ **annual meeting** 年次（株主）総会
- ☐ **multinational corporation** 多国籍企業
- ☐ **affiliate company** 関連会社
- ☐ **start-up company** 新設企業
  - ＊start-upと略すことも。

CD-2・Track 53

2. 採 用

- ⭐ ☐ **wanted ad** 求人広告
  - ＊新聞の求人広告欄はclassified adと呼ばれる。
- ⭐ ☐ **job opening** 欠員；求人
- ☐ **cover letter** 添え状
  - ＊履歴書などに添えるレター。
- ⭐ ☐ **job interview** 採用面接
- ⭐ ☐ **application form** 申込用紙
- ☐ **photo identification** 写真付き身分証明書
- ☐ **reference letter** 推薦状
  - ＊recommendation letterとも言う。
- ☐ **master's degree** 修士号
  - ＊bachelor's degree（学士号）、doctor's degree（博士号）

- □ **prior experience**　業務経験
- ✪ □ **track record**　職歴；実績
- ✪ □ **full-time position**　正社員ポスト
  * part-time position（非常勤ポスト）
- □ **primary duties**　主要業務
  * 「業務」はdutyやresponsibilityと言う。
- □ **on-the-job training**　実地研修
  * hands-on trainingも同様の意味。
- □ **probation period**　試用期間

CD-2・Track 54

3. 人事・福利厚生

- ✪ □ **leave of absence**　休暇
- ✪ □ **sick leave**　病欠
- ✪ □ **paid vacation [leave]**　有給休暇
- □ **maternity leave**　産休
- □ **health plan**　健康保険
  * heatlh insuranceとも言う。dental plan（歯科医療保険）
- □ **health check**　健康診断
  * checkupなどいくつかの言い方がある。
- □ **retirement plan**　退職基金
- ✪ □ **overtime pay**　残業手当
- □ **commuting allowance**　通勤手当
- □ **entertainment allowance**　接待費
- □ **severance pay [package]**　解雇手当
- □ **performance evaluation**　業績評価
- □ **stock option**　ストックオプション
  * 上場会社が社員に対して、予め定められた価額（権利行使価額）で会社の株式を取得することのできる権利を付与する制度。社員は株価が上昇した時点で権利行使を行い、会社の株式を取得して売却することにより、株価上昇分の報酬が得られる。
- ✪ □ **immediate supervisor**　直属の上司
- ✪ □ **human resources**　人材；人事（部）

ビジネス連語 300

- ☐ **labor costs**　人件費；労務コスト
- ☐ **labor union**　労働組合
- ☐ **service years**　勤続年数

CD-2・Track 55

4. 会計・財務

- ✪ ☐ **annual report**　年次会計報告書
- ☐ **fiscal year**　事業年度
- ✪ ☐ **balance sheet (B/S)**　バランスシート
- ✪ ☐ **income statement (P/L)**　損益計算書
  * P/LはProfit（利益）/ Loss（損失）の略。
- ✪ ☐ **cash flow statement (C/S)**　キャッシュフロー計算書
  * これらは、企業が税務当局に提出する財務諸表3点セット。バランスシートは決算時点の資産と負債・資本の内訳を、損益計算書は1年間の企業の売り上げ・経費・損益を、キャッシュフロー計算書は営業・投資・財務の3活動における現金の増減を示す。
- ☐ **cutoff date**　（決算の）締め日
- ☐ **accounts receivable**　売掛金
  * 売り上げが立っていて未収の代金・債権。逆は、accounts payable（買掛金＝未払いの購入代金・債務）。
- ☐ **assets and liabilities**　資産と負債
- ✪ ☐ **gross margin**　売上総利益；粗利益
  * sales（売り上げ）からcost of sales（売上原価）を引いたもの。
- ✪ ☐ **operating expenses**　営業経費
- ✪ ☐ **overhead costs**　一般管理費
  * overhead単独でも同じ意味で使う。
- ☐ **net income**　純利益
  * net loss（純損失）。なお、「最終損益」のことは、income statement（損益計算書）の最終行にあることから、bottom lineと言う。
- ☐ **accounting department**　経理部
  * billing departmentなどとも言う。
- ✪ ☐ **petty cash**　小口現金
- ☐ **travel reimbursement**　交通費払い戻し

CD-2・Track 56

5. 開発・製造・物流

- ★ ☐ **research and development (R & D)**　研究・開発
- ★ ☐ **raw material**　原材料
- ☐ **assembly line**　組み立てライン
- ☐ **finishing touch**　最後の仕上げ
- ☐ **lead time**　リードタイム
  - ＊製品の企画開始から生産完了までに要する時間。
- ☐ **distribution channel**　販売ルート
- ☐ **handling charge**　取扱手数料
  - ＊shipping and handling charge（発送・取扱手数料）
- ☐ **freight forwarder**　運送会社
- ★ ☐ **courier service**　宅配便サービス
- ☐ **cardboard box**　段ボール箱
- ☐ **handle with care**　取扱注意
  - ＊fragile（割れ物注意）

CD-2・Track 57

6. 販売促進

- ★ ☐ **marketing strategy**　販売促進戦略
- ★ ☐ **market share**　市場占有率；マーケットシェア
- ☐ **high-end**　高級な
  - ＊low-end（廉価な）
- ☐ **niche market**　ニッチ市場
  - ＊小さな、または今後の潜在性を秘めた市場のこと。
- ☐ **profit margin**　利幅
- ☐ **pop-up ad**　（インターネットの）ポップアップ広告
- ★ ☐ **press conference**　記者会見
- ☐ **trade show**　商品見本市
  - ＊trade fairとも言う。

ビジネス連語 300

CD-2・Track 58

7. 販売・店舗・配送

- **sales pitch** 売り込み文句
- **selling points** セールスポイント
- **cold call** 売り込み電話；飛び込み訪問販売
- ✪ **product line** 製品ライン；取扱品目
- **item description** 商品説明
- ✪ **unit price** 単価
- **purchase order (PO)** 注文書；発注書
  - ＊「見積書」はquotationまたはestimate、「請求書」はinvoice。
- **order form** 注文書［伝票］
- ✪ **sales representative** 販売員
- **retail outlet** 小売店；販売店
- **retail price** 小売価格
  - ＊wholesale price（卸売価格）
- **a first-come, first-served basis** 先着順
- **bulk buying** 大口購入
- ✪ **back order** 取り寄せ注文；入荷待ち
- **asking price** （販売側の）希望価格；提示価格
- **certificate of origin** 原産地証明書
- **delivery date** 納期；引き渡し期日
- ✪ **cash on delivery (COD)** 代金引き換え払い；代引き
- **cash cow** ドル箱商品；儲かる商品
- **store clerk** 店員

CD-2・Track 59

8. 顧客サービス

- **after-sales service** アフターサービス
- **customer satisfaction (CS)** 顧客満足（度）
- ✪ **customer service representative** 顧客サービス担当者

- ⭐ ☐ **call center**　顧客電話窓口；コールセンター
- ☐ **account representative**　顧客担当者
  - ＊ accountには「顧客」の意味もある。
- ⭐ ☐ **toll-free number**　フリーダイヤル
- ☐ **defective item**　欠陥品
  - ＊ damaged item（破損品）
- ☐ **full refund**　全額返金
- ⭐ ☐ **free of charge**　無料（で）
- ☐ **store credit**　ストアクレジット
  - ＊ その店だけで使える金券。

CD-2・Track 60

9. 交渉・契約

- ⭐ ☐ **terms and conditions**　契約［取引］条件
- ☐ **interested parties**　関係者
  - ＊ contracting parties（契約当事者）
- ☐ **third parties**　第三者
- ☐ **sales territory**　販売地域
  - ＊ exclusive sales territory（独占販売地域）
- ☐ **date of issuance**　発行日
- ☐ **sales agreement**　販売契約
- ☐ **consignment agreement**　委託契約
- ☐ **distributorship agreement**　販売店契約
- ☐ **tentative agreement**　暫定合意
- ☐ **termination clause**　契約解除条項
- ☐ **intellectual property (IP)**　知的所有権

CD-2・Track 61

10. 会 議

- ✪ ☐ **meeting agenda**　会議の議題
- ✪ ☐ **brainstorming session**　ブレインストーミング会議
   * 自由にアイデアや解決策を出し合う会議。
- ☐ **call to order**　（会議の）開会宣言
- ☐ **opening remarks**　開会のあいさつ
   * concluding remarks（閉会のあいさつ）
- ☐ **key points**　重要項目
- ☐ **pros and cons**　賛成と反対
- ☐ **supporting information**　補足情報
- ☐ **decision by majority**　多数決
- ✪ ☐ **visual aids**　視覚補助機材
- ☐ **overhead projector (OHP)**　オーバーヘッド・プロジェクター
- ✪ ☐ **minutes of meeting**　会議の議事録
- ☐ **a show of hands**　挙手
- ✪ ☐ **unanimous vote**　全会一致
- ☐ **action items**　実行に移す項目

CD-2・Track 62

11. オフィス・日常業務

- ✪ ☐ **reception desk**　受付
- ✪ ☐ **office supplies**　事務用品
- ✪ ☐ **business card**　名刺
- ✪ ☐ **company brochure**　会社紹介パンフレット
- ☐ **in-house newsletter**　社内報
- ☐ **memo pads**　メモ帳
- ☐ **vending machine**　自動販売機
- ☐ **conference room**　会議室
   * meeting roomとも言う。

- □ **employee lounge**　社員休憩室
- ✪ □ **company cafeteria**　社員食堂
  - ＊英国ではcanteenと言う。
- ✪ □ **bulletin board**　掲示板；案内板
- ✪ □ **business hours**　営業時間
- □ **dress code**　服装規則
- □ **dos and don'ts**　（業務上の）注意事項；命令事項と禁止事項
- ✪ □ **paper jam**　（プリンタなどの）紙づまり

CD-2・Track 63

12. 戦略・投資

- □ **core competence**　コアコンピタンス；中核能力
  - ＊その会社の中核になる業務や能力のこと。
- ✪ □ **merger and acquisition (M & A)**　（企業の）吸収合併
- □ **due diligence**　資産評価
  - ＊企業の吸収合併や投資不動産の取得に際して、取得対象の資産価値を適性に調査すること。
- □ **feasibility study**　事業化調査
  - ＊事業を始める前にその実現性を探る事前調査のこと。
- □ **de facto standard**　事実上の標準
  - ＊de factoはラテン語で「事実上の」。
- □ **moral hazard**　モラルハザード；倫理欠如
- □ **emerging market**　新興市場
  - ＊現在なら、BRICS諸国など。
- □ **buy and hold**　バイ・アンド・ホールド
  - ＊購入した株式などを長期間持ち続ける投資戦略。
- ✪ □ **mutual fund**　投資信託
  - ＊英国ではunit trustと言う。
- □ **bull market**　強気相場
  - ＊株価が上昇基調の相場。逆は、bear market（弱気相場）。
- ✪ □ **initial public offering (IPO)**　株式公開［上場］

13. 金融・マネー

- **lending institution** 貸出機関
- ✪ **savings account** 普通預金口座
  * checking account（当座預金口座）
- **money order** 郵便為替
- **wire transfer** 電子送金
  * telegraphic transfer (TT)とも言う。
- **withdrawal slip** 払戻伝票
- ✪ **bank statement** 銀行取引明細書
- ✪ **small change** 小銭
- ✪ **interest rate** 金利
- ✪ **exchange rate** 為替レート
- **insurance premium** 保険料；保険の掛け金
- **maturity date** 満期日
- ✪ **due date** （支払）期日
- ✪ **balance due** 差引請求額
- **tax return** 税務申告
- **withholding tax** 源泉徴収税
- **tax breaks** 税制優遇措置

14. 不動産・建設

- ✪ **real estate** 不動産
- ✪ **mortgage loan** 不動産ローン
  * mortgageの1語でも同じ意味で使える。
- **down payment** 頭金
- **floor plan** （フロアや部屋の）見取り図
- **open house** （不動産の）内覧
  * 家を開放したパーティーの意味でも使う。

- ☐ **heating system** 暖房装置
- ☐ **ventilation system** 換気装置
- ☐ **plumbing system** 配管システム
- ☐ **fire drill** 火災避難訓練
  - ＊ fire exit（非常口）
- ✪ ☐ **civil engineering** 土木

CD-2・Track 66

15. 飛行機・旅行

- ☐ **departure lobby** 出発ロビー
  - ＊ arrival lobby（到着ロビー）
- ☐ **boarding gate** 搭乗ゲート
  - ＊ boarding pass（搭乗券）、boarding time（搭乗時刻）
- ✪ ☐ **duty-free shop** 免税店
- ✪ ☐ **jet lag** 時差ボケ
  - ＊ time difference（時差）
- ✪ ☐ **upright position** （座席の）元の位置
- ✪ ☐ **aisle seat** 通路側の席
  - ＊ aisle [áil] の発音に注意。window seat（窓側の席）
- ☐ **checked baggage** 預け入れ荷物
  - ＊ carry-on luggage（機内持ち込み手荷物）
- ✪ ☐ **personal belongings** 身の回り品
- ☐ **in-flight meal** 機内食
- ✪ ☐ **baggage claim** 手荷物受取所
- ✪ ☐ **lost and found** 遺失物取扱所
- ☐ **tourist spot** 観光地
  - ＊ sightseeing spot や points of interest とも言う。
- ✪ ☐ **admission fee** 入場料
- ✪ ☐ **travel agency** 旅行代理店

ビジネス連語 300

CD-2・Track 67

16. ホテル

- **hotel voucher** ホテル宿泊券
- ⭐ **room charge** 宿泊料金
- **emergency exit** 非常口
- ⭐ **wake-up call** モーニングコール
- ⭐ **banquet hall** 宴会場
- **no vacancy** 満室
- **duplicate key** 合い鍵
  * spare keyとも言う。
- **shuttle bus** 巡回バス
  * ホテルと空港を往復するバスのこと。

CD-2・Track 68

17. 車・交通

- **public transportation** 公共交通機関
- ⭐ **round trip** 往復
  * one-way trip（片道）
- **commuter pass** 定期券
- ⭐ **parking lot** 駐車場
  * 英国ではcar park。
- **gas station** ガソリンスタンド
  * 英国ではpetrol station。
- ⭐ **traffic congestion** 交通渋滞
  * traffic jamとも言う。
- **traffic signal** 交通信号
  * traffic lightとも言う。
- **pedestrian crossing** 横断歩道
  * 英国ではzebra crossingとも言う。
- **toll gate** （高速道路などの）料金徴収所
- ⭐ **driver's license** 運転免許証

- ☐ **steering wheel** ハンドル
- ⭐ ☐ **traffic accident** 交通事故

CD-2・Track 69

18. パーティー・飲食

- ⭐ ☐ **formal attire** 正装；フォーマルな服装
   * business attire（ビジネススーツ着用）
- ☐ **award banquet** 受賞パーティー
- ☐ **fund-raising party** 資金集めパーティー
- ☐ **keynote speaker** 基調演説者
- ⭐ ☐ **catering service** 出前サービス
- ⭐ ☐ **welcome party** 歓迎会
   * farewell party（送別会）
- ☐ **courtesy call** 表敬訪問
- ⭐ ☐ **happy hours** （飲食店などの）サービスタイム；特別割引時間
- ☐ **local specialty** 地元の名物料理
- ☐ **chef's recommendation** シェフのお薦め料理
- ☐ **buffet style** バイキング方式
   * smorgasbordとも言う。これはもともとスウェーデン語で、smorgasは「パンとバター」、bordは「テーブル」の意。

CD-2・Track 70

19. 経 済

- ☐ **economic outlook** 経済見通し
- ☐ **leading indicator** （景気の）先行指標
- ☐ **baby boomer** ベビーブーマー
   * 日本の「団塊世代」に相当。
- ☐ **buying power** 購買力
- ☐ **per capita** 1人当たり
   * per annum（1年につき；年間）
- ☐ **level playing field** 公平な市場；均等な機会

ビジネス連語 300

- ☐ **stimulus package** 景気刺激策
- ☐ **financial policy** 金融政策
    - ＊ 基準金利の操作や国債の買い切りオペなどで通貨供給量をコントロールする政策。金融当局・中央銀行が行う。一方、fiscal policy（財政政策）は公共投資や増減税によって景気を調整する政策で、財政当局が行う。
- ✪ ☐ **growth rate** （経済）成長率
- ✪ ☐ **unemployment rate** 失業率
- ☐ **capital flight** 資本逃避

CD-2・Track 71

20. ショッピング

- ☐ **department store** デパート
- ☐ **convenience store** コンビニ
- ✪ ☐ **grocery store** 食料品店
- ✪ ☐ **fitting room** 試着室
    - ＊ dressing roomとも言う。
- ☐ **alteration service** 寸法直しサービス
- ✪ ☐ **installment payment** 分割払い
    - ＊ a lump-sum payment（一括払い）
- ✪ ☐ **expiration date** （クレジットカードなどの）有効期限
- ☐ **bargain sale** バーゲン
- ☐ **limited offer** 期間限定サービス
- ☐ **wish list** 購入予定商品リスト
- ☐ **produce section** （スーパーの）青果コーナー
- ☐ **frozen food** 冷凍食品
- ✪ ☐ **dairy products** 乳製品
- ☐ **cash register** レジ

CD-2・Track 72

21. 家 庭

- ✪ □ **household appliances** 　家庭用電化製品
  - * household equipment（家庭用機器）
- □ **microwave oven** 　電子レンジ
  - * microwaveだけでも使う。
- □ **washing machine** 　洗濯機
- □ **vacuum cleaner** 　電気掃除機
  - * vacuumだけでも使う。
- □ **remote control** 　リモコン
  - * remoteだけでも使う。
- □ **lawn mower** 　芝刈り機
- ✪ □ **spare time** 　余暇
- □ **telephone directory** 　電話帳
- ✪ □ **answering machine** 　留守番電話
- □ **area code** 　市外局番

CD-2・Track 73

22. メディア

- □ **prime time** 　（テレビの）ゴールデンタイム
- ✪ □ **weather forecast** 　天気予報
- ✪ □ **chance of precipitation** 　降水確率
- □ **developing story** 　（ニュースの）続報
- □ **breaking news** 　ニュース速報
- □ **cover story** 　（雑誌などの表紙に関連した）特集
- □ **special report** 　特集記事［番組］
- □ **international community** 　国際社会

ビジネス連語 300

CD-2・Track 74

23. 環　境

- ✪ □ **global warming**　地球温暖化
- □ **greenhouse effect**　温室効果
- □ **endangered species [animal]**　絶滅危惧種
- □ **environmentally-friendly**　環境に優しい
- □ **hybrid vehicle [car]**　ハイブリッド車
- □ **solar cell**　太陽電池
  * solar batteryとも言う。
- ✪ □ **alternative energy**　代替エネルギー
- ✪ □ **trash bin**　ごみ箱
- □ **garbage collection**　ごみ収集

CD-2・Track 75

24. 市民生活・その他

- ✪ □ **city hall**　市役所
- □ **city council**　市議会
- □ **ruling party**　与党
  * opposition party（野党）
- □ **landslide victory**　（選挙などの）地滑り的圧勝
- ✪ □ **law and order**　法と秩序
- □ **rules and regulations**　規則
- □ **juvenile delinquency**　青少年犯罪
- ✪ □ **registration form**　登録用紙
- □ **membership dues**　（参加団体などの）会費
- ✪ □ **tuition fees**　授業料
- □ **charity organization**　慈善団体
- □ **ambulance car**　救急車
- □ **side effect**　副作用

☐ **descending order**　降順
　＊ ascending order（昇順）

CD-2・Track 76

25. 表示・看板

☐ **No littering**　ゴミ捨て禁止
☐ **Wet floor**　床が濡れています
　＊ Wet paint（ペンキ塗り立て）
☐ **No flash photography**　フラッシュ撮影禁止
☐ **Free admission**　入場料無料
☐ **No-passing zone**　（道路の）追い越し禁止区間
☐ **One way**　一方通行

Basic Acronyms
基本省略語

- **AC (Alternating Current)**　（電源の）交流
  * DC (Direct Current)（直流）
- **ASAP (As Soon As Possible)**　できるだけ早く
- **ATM (Automatic Teller Machine)**　現金自動預払機
- **BTO (Build to Order)**　受注生産
  * 顧客から注文を受けてから生産する方式で、カスタムメイドできる。ATO (Assemble To Order)、MTO (Make To Order)も同様の意味。
- **B2B (Business to Business)**　（ネットで）企業対企業の取引
  * B2C (Business to Consumer)　企業対個人の取引
- **CEO (Chief Executive Officer)**　最高経営責任者
- **COO (Chief Operating Officer)**　最高執行責任者
- **CFO (Chief Financial Officer)**　最高財務責任者
  * CIO (Chief Information Officer)（最高情報責任者）、CMO (Chief Marketing Officer)（最高販売促進責任者）、CTO (Chief Technology Officer)（最高技術責任者）などもよく使う。
- **COLA (Cost of Living Adjustment)**　生活費調整
- **CPA (Certified Public Accountant)**　公認会計士
- **CPI (Consumer Price Index)**　消費者物価指数
- **CV (Curriculum Vitae)**　履歴書
- **DIY (Do It Yourself)**　日曜大工
- **EPS (Earnings Per Share)**　1株当たり利益
  * 純利益を株数で割った数値。
- **FDI (Foreign Direct Investment)**　海外直接投資
  * 直接、海外の事業などに出資すること。株式市場を通した投資は間接投資。
- **FIFO (First In, First Out)**　先入れ先出し法
  * 日時の古い順に処理していくこと。金融取引、資産評価、データ処理などで使われる方式。LIFO (Last In, First Out)は「後入れ先出し法」。
- **FYI (For Your Information)**　ご参考までに
- **GDP (Gross Domestic Product)**　国内総生産

- **GPS (Global Positioning System)** 衛星利用測位システム
- **HR (Human Resources)** 人事（部）
- **INS (Immigration and Naturalization Service)** （米）移民帰化局
  * 他国のImmigration Service [Bureau]（入国管理局）に相当。
- **IR (Investor Relations)** 投資家向け広報
- **ISO (International Standards Organization)** 国際標準化機構
- **ISP (Internet Service Provider)** （インターネット）プロバイダー
- **IT (Information Technology)** 情報技術
- **LAN (Local Area Network)** 構内通信網
  * 同じ会社などの内部で、情報機器やパソコンなどを回線で接続して、情報を共有するネットワーク。
- **LCD (Liquid Crystal Display)** 液晶ディスプレー
- **LED (Light Emitting Diode)** 発光ダイオード
- **LEV (Low Emission Vehicle)** 低公害車
  * emissionは「排気；排出」の意。
- **MBA (Master of Business Administration)** 経営学修士号
  * 学士号はBachelor、博士号はDoctor。
- **MBO (Management Buyout)** マネジメント・バイアウト
  * 子会社の経営陣などが親会社から事業の経営権を買い取ること。
- **MOU (Memorandum of Understanding)** 覚書
- **NGO (Non-Governmental Organization)** 非政府組織
- **NPO (Non-Profit Organization)** 非営利組織
- **PC (Personal Computer)** パソコン
  * アップル社のMacintoshは米国では、PCではなくMacと呼ぶ。
- **PDA (Personal Digital Assistant)** 携帯情報端末
- **PDF (Portable Document Format)** ポータブル・ドキュメント・フォーマット
  * アドビシステムズ社が開発した電子文書のファイル形式。プラットフォームを選ばずレイアウトを保持したままデータを自在にやりとりできる。

基本省略語

- **PER (Price-Earnings Ratio)** 株価収益率
  * 「株価」を「1株当たり純利益」で割って出す。数値が高いほうが株価に割高感がある。株取引の他の指標としてはPBR (Price-Book value Ratio)（株価純資産倍率＝株価を1株当たり純資産で割る）などがある。
- **PIN (Personal Identification Number)** 暗証番号
- **PL (Product Liability)** 製造物責任
- **POS (Point of Sale)** 販売時点管理
- **QC (Quality Control)** 品質管理
- **ROI (Return On Investment)** 投資収益率
- **RSVP (Répondez S'il Vous Plaît)** お返事ください
  * パーティーや結婚式などの招待状で、出欠の返答を求める場合に使う。フランス語。
- **SCM (Supply Chain Management)** サプライチェーン・マネジメント
  * 原材料や部品の調達から製造、流通、販売まで、商品供給の流れを「供給の鎖」（サプライチェーン）ととらえ、それに参加する部門・企業の間で情報を相互に共有・管理すること、ないしはその手法。
- **SEC (Securities and Exchange Commission)** （米）証券取引委員会
- **SOW (Statement of Work)** 作業指示書
- **SUV (Sport-Utility Vehicle)** スポーツ多目的車
- **TM (Trademark)** 商標
- **TOB (Takeover Bid)** 株式公開買い付け
  * 公告により不特定多数の株主に呼びかけ、株式の買い付けを取引所外で行うこと。
- **TT (Telegraphic Transfer)** 電子送金
  * 送金銀行から支払銀行宛の支払指図が電信で行われる送金方法。wire transferとも言う。
- **UV (Ultraviolet)** 紫外線
- **VAT (Value-Added Tax)** 付加価値税

インデックス

動詞句・イディオムのLEVEL 1～4、頻出会話表現、ビジネス連語の見出し語1400をアルファベット順に配列した索引です。

※例文に使われている重要語重、基本省略語は含まれていません。

INDEX

A
a couple of … 52
a first-come, first-served basis … 242
a fleet of … 160
a flurry of … 198
a load of … 160
a pile of … 110
a series of … 52
a show of hands … 244
a stack of … 160
a wide range of … 110
above all … 52
above board … 198
abstain from … 136
according to … 52
account for … 16
account representative … 243
accounting department … 240
accounts receivable … 240
accuse A of B … 16
ace in the hole … 198
acid test … 198
across the board … 110
across the street … 52
act on … 176
action items … 244
adapt to … 16
add fuel to the fire … 176
adhere to … 76
admission fee … 247
affiliate company … 238
after all … 53
after-sales service … 242

against the clock … 199
agree to ~ … 16
ahead of … 53
aim at … 76
aisle seat … 247
alive and kicking … 199
all at once … 110
all but … 111
all set … 160
along with … 111
alteration service … 250
alternative energy … 252
ambulance car … 252
amount to … 76
and so on … 53
annual meeting … 238
annual report … 240
answer for … 136
answering machine … 251
apart from … 53
apologize for … 16
application form … 238
apply for … 17
approve of … 17
Are you being served? … 214
Are you following me? … 214
Are you sure ~? … 214
area code … 251
around the clock … 111
arrange for … 17
as a matter of fact … 53
as a rule … 54
as a token of … 160
as follows … 111

as for … 54
as is … 112
as long as … 54
as of … 54
as scheduled … 112
as usual … 54
as well … 54
as well as … 55
as yet … 112
ask a favor of … 76
ask A for B … 17
ask out … 136
asking price … 242
assembly line … 241
assets and liabilities … 240
at a loss … 55
at a premium … 161
at a snail's pace … 199
at a standstill … 161
at all costs … 112
at any rate … 55
at arm's length … 199
at ease … 55
at full length … 161
at hand … 112
at large … 161
at length … 113
at loose ends … 199
at most … 56
at odds … 161
at once … 56
at one's convenience … 56
at one's disposal … 113
at present … 56
at random … 113
at risk … 113

at some point ···············161	be allergic to ················136	be held liable for············79
at the cost of ···············113	be anxious to do············19	be hesitant to do············79
at the discretion of ·······162	be associated with ········77	be impressed by············79
at the end of the day····199	be aware of ·····················19	be in another person's shoes ························177
at the expense of·········114	be based on ·····················19	
at the helm ·················200	be bogged down with ··177	be in for ·······················138
at the moment··············56	be booked solid············137	be inclined to do············80
at the rate of ···············114	be bound to do···············77	be independent of·········22
at this point ··················57	be capable of ················19	be indifferent to·············80
at times ························57	be certain of···················19	be intent on ··················80
at worst ························57	be clear of······················77	be into···························80
attribute A to B··············18	be committed to ············77	be involved in ···············80
award banquet············249	be compelled to do ········78	be lacking in··················81
	be concerned about ······19	be late for ······················22
B	be consistent with ········137	be located on [in] ··········22
baby boomer···············249	be content with ·············78	be made from [of] ········23
back and forth·············200	be curious about············78	be mindful of ···············138
back off ······················176	be cut out to be···········137	Be my guest. ···············214
back order ··················242	be dedicated to··············78	be obliged to do ············23
back to square one ······200	be dependent on ···········20	be of service to··············81
baggage claim ············247	be derived from ···········137	be particular about········81
balance due ···············246	be devoted to·················78	be poised to do ···········138
balance sheet (B/S) ·····240	be dying to do·············177	be proficient in ·············23
ball is in your court······162	be eager to do···············20	be prone to··················139
bank statement ···········246	be encouraged to do ·····20	be reluctant to do ·········81
banquet hall ···············248	be engaged in ···············20	be required to do··········81
bargain sale················250	be entitled to·················20	be responsible for·········23
bark up the wrong tree ·······························176	be equal to·····················21	be short of ····················24
	be equipped with···········79	be similar to··················24
be [get] carried away with ·······························177	be exempt from ···········138	be stuck in traffic·········139
	be expected to do ·········21	be subject to ·················24
be about to do··············18	be familiar with ·············21	be suited for ···············139
be absent from·············18	be famous for················21	be superior to···············24
be absorbed in ·············76	be fed up with···············21	be supposed to do ········24
be accompanied by·······77	be followed by ··············22	be sure to do·················25
be accustomed to ·········18	be forced to do··············22	be tied up with············139
be adept at ·················136	be free from ··················79	be true of ····················139
be afraid of ··················18	be good at ·····················22	be used to·····················25
be all ears··················176	be headed for ·············138	be willing to do ·············25

259

be worth doing ⋯⋯⋯⋯ 81	break through ⋯⋯⋯⋯ 83	**C**
bear ~ in mind ⋯⋯⋯⋯ 82	breaking news ⋯⋯⋯⋯ 251	call center ⋯⋯⋯⋯⋯ 243
bear fruit ⋯⋯⋯⋯⋯⋯ 140	bring ~ on board ⋯⋯ 178	call for ⋯⋯⋯⋯⋯⋯⋯ 26
because of ⋯⋯⋯⋯⋯⋯ 57	bring home ⋯⋯⋯⋯⋯ 140	call in sick ⋯⋯⋯⋯⋯ 84
become of ⋯⋯⋯⋯⋯⋯ 82	bring about ⋯⋯⋯⋯⋯ 140	call it a day ⋯⋯⋯⋯⋯ 84
before long ⋯⋯⋯⋯⋯⋯ 57	bring in ⋯⋯⋯⋯⋯⋯⋯ 178	call off ⋯⋯⋯⋯⋯⋯⋯ 84
behind bars ⋯⋯⋯⋯⋯ 200	bring together ⋯⋯⋯⋯ 140	call on ⋯⋯⋯⋯⋯⋯⋯ 84
behind schedule ⋯⋯⋯ 114	bring up ⋯⋯⋯⋯⋯⋯⋯ 83	call to order ⋯⋯⋯⋯⋯ 244
behind the scenes ⋯⋯ 114	buffet style ⋯⋯⋯⋯⋯ 249	call upon [on] ~ for ...
behind the times ⋯⋯ 162	bulk buying ⋯⋯⋯⋯⋯ 242	⋯⋯⋯⋯⋯⋯⋯⋯⋯⋯ 179
belong to ⋯⋯⋯⋯⋯⋯ 25	bull market ⋯⋯⋯⋯⋯ 245	calm down ⋯⋯⋯⋯⋯ 26
bend over ⋯⋯⋯⋯⋯⋯ 82	bulletin board ⋯⋯⋯⋯ 245	Can I take a rain check?
beside the point ⋯⋯⋯ 162	bumper-to-bumper ⋯⋯ 162	⋯⋯⋯⋯⋯⋯⋯⋯⋯⋯ 215
better off ⋯⋯⋯⋯⋯⋯ 58	bundle up ⋯⋯⋯⋯⋯⋯ 141	cannot help but do ⋯⋯ 26
better than (I) expected	burn one's bridges ⋯⋯ 178	capital flight ⋯⋯⋯⋯⋯ 250
⋯⋯⋯⋯⋯⋯⋯⋯⋯⋯ 215	burst into ⋯⋯⋯⋯⋯⋯ 84	capitalize on ⋯⋯⋯⋯⋯ 179
beware of ⋯⋯⋯⋯⋯⋯ 82	business card ⋯⋯⋯⋯ 244	cardboard box ⋯⋯⋯⋯ 241
big cheese ⋯⋯⋯⋯⋯⋯ 200	business hours ⋯⋯⋯⋯ 245	care about ⋯⋯⋯⋯⋯⋯ 85
big fish in a small pond	butterflies in one's	care for ⋯⋯⋯⋯⋯⋯⋯ 26
⋯⋯⋯⋯⋯⋯⋯⋯⋯⋯ 201	stomach ⋯⋯⋯⋯⋯ 201	carry off ⋯⋯⋯⋯⋯⋯ 179
big picture ⋯⋯⋯⋯⋯⋯ 201	buy and hold ⋯⋯⋯⋯ 245	carry on ⋯⋯⋯⋯⋯⋯⋯ 141
blame A for B ⋯⋯⋯⋯ 25	buy out ⋯⋯⋯⋯⋯⋯⋯ 84	carry out ⋯⋯⋯⋯⋯⋯ 27
board of directors ⋯⋯ 238	buying power ⋯⋯⋯⋯ 249	carry over ⋯⋯⋯⋯⋯⋯ 141
boarding gate ⋯⋯⋯⋯ 247	by accident ⋯⋯⋯⋯⋯ 115	carry weight ⋯⋯⋯⋯⋯ 179
boil down to ⋯⋯⋯⋯⋯ 140	by all means ⋯⋯⋯⋯⋯ 115	cash cow ⋯⋯⋯⋯⋯⋯ 242
both A and B ⋯⋯⋯⋯ 58	by and large ⋯⋯⋯⋯⋯ 115	cash flow statement (C/S)
bother to do ⋯⋯⋯⋯⋯ 82	by chance ⋯⋯⋯⋯⋯⋯ 58	⋯⋯⋯⋯⋯⋯⋯⋯⋯⋯ 240
bottom line ⋯⋯⋯⋯⋯ 114	by degrees ⋯⋯⋯⋯⋯ 115	cash in on ⋯⋯⋯⋯⋯⋯ 141
bound for ⋯⋯⋯⋯⋯⋯ 58	by far ⋯⋯⋯⋯⋯⋯⋯⋯ 115	cash on delivery (COD)
brainstorming session	by halves ⋯⋯⋯⋯⋯⋯ 201	⋯⋯⋯⋯⋯⋯⋯⋯⋯⋯ 242
⋯⋯⋯⋯⋯⋯⋯⋯⋯⋯ 244	by heart ⋯⋯⋯⋯⋯⋯ 162	Cash or charge? ⋯⋯⋯ 215
break a deadlock ⋯⋯⋯ 177	by means of ⋯⋯⋯⋯⋯ 58	cash register ⋯⋯⋯⋯⋯ 250
break down ⋯⋯⋯⋯⋯⋯ 83	by nature ⋯⋯⋯⋯⋯⋯ 116	catch up with ⋯⋯⋯⋯ 27
break even ⋯⋯⋯⋯⋯⋯ 26	by no means ⋯⋯⋯⋯⋯ 116	catering service ⋯⋯⋯ 249
break ground ⋯⋯⋯⋯⋯ 140	by oneself ⋯⋯⋯⋯⋯⋯ 59	certificate of origin ⋯⋯ 242
break into ⋯⋯⋯⋯⋯⋯ 83	by the way ⋯⋯⋯⋯⋯⋯ 59	chance of precipitation
break off ⋯⋯⋯⋯⋯⋯ 178	by turns ⋯⋯⋯⋯⋯⋯ 116	⋯⋯⋯⋯⋯⋯⋯⋯⋯⋯ 251
break out ⋯⋯⋯⋯⋯⋯ 83	by virtue of ⋯⋯⋯⋯⋯ 116	change one's mind ⋯⋯ 27
break the ice ⋯⋯⋯⋯⋯ 178	by way of ⋯⋯⋯⋯⋯⋯ 116	change one's tune ⋯⋯ 179

260

charity organization······252	comply with···············28	cut a long story short···181
cheap shot················201	concentrate on·············28	cut back on················142
check out·····················27	confer with···············142	cut corners················142
check with····················85	conference room··········244	cut down on················88
checked baggage·········247	conform to·················87	cut in·························88
cheer up······················27	confuse A with B··········28	cutoff date·················240
chef's recommendation ······························249	conjure up·················181 consignment agreement ······························243	**D**
chip in·······················179	consist in···················87	dairy products············250
city council·················252	consist of···················28	date back to···············143
city hall·····················252	consult with················28	date of issuance··········243
civil engineering··········247	contrary to··················59	day by day···················59
class act····················202	contribute to················29	day in day out·············163
clear out····················180	convenience store········250	de facto standard········245
close call···················163	convince A of B·············29	deal with····················30
coincide with··············141	cooperate with··············29	decision by majority·····244
cold call····················242	cope with····················29	deep pockets··············202
cold shoulder··············202	core competence··········245	defective item·············243
cold turkey·················202	corporate governance··238	delivery date···············242
come [go] into effect····180	corporate headquarters ······························238	department store·········250
come across·················85		departure lobby···········247
come across as···········180	correspond with···········87	descending order········252
come along···················85	Could you be more specific?··················215	developing story·········251
come around···············142		differ from··················30
come by·····················180	Count me in.··············215	dispense with·············143
come down with··········180	count on·····················87	dispose of···················30
come out·····················85	courier service············241	distinguish A from B·····30
come over··················180	courtesy call···············249	distract A from B·········181
come to terms with········86	cover letter················238	distribution channel·····241
come true····················86	cover story·················251	distributorship agreement ······························243
come up······················86	crack down on············142	
come up with················27	credit A for [with] B········87	do away with···············88
come with····················86	crouch down···············181	do harm······················88
commuter pass············248	cry wolf······················181	do without···················88
commuting allowance··239	customer satisfaction (CS) ······························242	Do you have the time? ······························216
company brochure······244		
company cafeteria·······245	customer service representative··········242	don't hold one's breath ······························182
compensate for············86		
compete with···············86		

261

don't judge a book by its cover ... 182
Don't mention it. ... 216
dos and don'ts ... 245
double-edged sword ... 202
down payment ... 246
down to earth ... 117
dozens of ... 59
draw near ... 143
draw up ... 88
dress code ... 245
dress up ... 30
driver's license ... 248
Drop in anytime. ... 216
drop in on [at] ... 31
drop off ... 31
dry run ... 163
due date ... 246
due diligence ... 245
due to ... 60
duplicate key ... 248
duty-free shop ... 247
dwell on ... 89

E

each and every ... 163
each other ... 60
easier said than done ... 163
eat out ... 31
economic outlook ... 249
either A or B ... 60
either way ... 117
embark on ... 89
emergency exit ... 248
emerging market ... 245
employee lounge ... 245
end up doing ... 89
endangered species [animal] ... 252

enroll in ... 89
entertainment allowance ... 239
environmentally-friendly ... 252
even though ... 60
every cloud has a silver lining ... 202
every inch ... 117
every other ... 60
excel in ... 89
except for ... 60
exchange A for B ... 89
exchange rate ... 246
executive summary ... 164
expiration date ... 250
explore all avenues ... 182
eye opener ... 164

F

face off ... 90
face the music ... 182
face value ... 203
fair and square ... 203
fall apart ... 143
fall asleep ... 31
fall back on ... 143
fall behind ... 144
fall on ... 90
fall short of ... 90
fall through ... 90
far and wide ... 203
far from ... 61
fast track ... 164
feasibility study ... 245
feel at home ... 31
feel free to do ... 32
feel like doing ... 32
figure out ... 90

file for ... 91
fill out [in] ... 32
fill in for ... 91
fill the bill ... 182
financial policy ... 250
find fault with ... 91
finish up ... 144
finishing touch ... 241
fire drill ... 247
first of all ... 61
first thing ... 164
fiscal year ... 240
fitting room ... 250
fix up ... 91
floor plan ... 246
focus on ... 32
follow suit ... 144
follow through ... 144
follow up ... 91
food for thought ... 203
foot in the door ... 203
for a change ... 117
for a while ... 61
for ages ... 117
for free ... 61
for good ... 117
For here or to go? ... 216
for instance ... 61
for kicks ... 204
for now ... 61
for one thing ... 118
for the first time ... 62
for the purpose of ... 118
for the sake of ... 62
for the time being ... 62
forget to do ... 32
formal attire ... 249
Free admission ... 253
free of ... 118

free of charge ··········· 243
freight forwarder ········ 241
from ~ point of view ··· 118
from a different angle ·· 164
from now on ············· 62
from scratch ············ 164
from the bottom of one's heart ··················· 165
from time to time ········· 62
frozen food ·············· 250
full refund ··············· 243
full-time position ········ 239
fund-raising party ······· 249

G

gain ground ·············· 92
game plan ··············· 165
garbage collection ······· 252
gas station ·············· 248
get ~ done ··············· 92
get (a) hold of ··········· 183
get A across to B ········ 182
get acquainted with ······ 92
get ahead ··············· 144
get along with ··········· 92
get away ················ 183
get back to ··············· 33
get by ··················· 183
get down to ·············· 92
get lost ·················· 33
get married to ············ 33
get off ··················· 33
get off the ground ······· 183
get on ··················· 33
get on one's nerves ······ 183
get over ················ 144
get rid of ················ 33
get the ball rolling ······· 183
get the brush-off ········ 184

get the picture ··········· 184
get the short end of the stick ··················· 184
get through to ············ 92
get to ··················· 34
get to the point ·········· 145
get together ·············· 93
give ~ a hand ············ 93
give away ··············· 145
give birth to ············· 184
give in ·················· 145
give it a shot ············ 184
give rise to ·············· 184
give the green light ······ 145
give up on ··············· 34
give way to ············· 146
glance at ················ 93
global warming ·········· 252
go a long way ··········· 146
go ahead ················ 34
go around in circles ····· 185
go back on ·············· 185
go bankrupt ·············· 93
go by ··················· 93
go down with ············ 185
go in for ················ 146
go on a strike ············ 94
go out of business ······· 146
go over ·················· 34
go through ··············· 94
go to the trouble of doing ························· 185
go with ·················· 94
go without ··············· 94
good to go ·············· 165
grab a bite ·············· 146
graduate from ············ 34
greenhouse effect ········ 252
grey area ··············· 204

grocery store ············ 250
gross margin ············ 240
grow up ·················· 35
growth rate ············· 250

H

had better do ············ 35
hammer out ············· 146
hand in ·················· 35
hand out ················· 35
hand over ··············· 147
handle with care ········ 241
handling charge ········· 241
hands down ············· 165
hang around ············ 147
hang on to ··············· 36
hang up ·················· 36
happen to do ············· 94
happy hours ············ 249
happy medium ·········· 204
hard and fast ············ 204
hard sell ················ 204
have ~ on one's hands ························· 186
have a say in ············ 185
have difficulty (in) doing ·························· 94
have no idea ············· 36
have nothing to do with ························· 36
have regard for ·········· 186
have second thoughts about ·················· 95
have yet to do ············ 36
head start ··············· 204
health check ············ 239
health plan ············· 239
hear from ················ 37
heart isn't in [into] it ···· 205

263

heart to heart ... 165	I'm on your side. ... 220	in general ... 64
heating system ... 247	I'm really impressed. ... 220	in good faith ... 167
help yourself to ... 37	I'm sorry to hear that. ... 221	in good shape ... 121
hesitate to do ... 37	immediate supervisor ... 239	in haste ... 121
high profile ... 165	in (the) light of ... 121	in honor of ... 64
high-end ... 241	in a bind ... 205	in itself ... 167
hint at ... 95	in a hurry ... 62	in lieu of ... 206
hit the ceiling ... 147	in a jam ... 205	in line with ... 122
hold back ... 186	in a minute ... 63	in no time ... 65
hold on ... 37	in a nutshell ... 205	in operation ... 122
hold the line ... 37	in a row ... 118	in order ... 122
hold up ... 186	in a sense ... 63	in particular ... 122
hook up ... 186	in a word ... 118	in person ... 122
hot water ... 205	in accordance with ... 119	in phases ... 206
hotel voucher ... 248	in addition to ... 63	in place of ... 122
household appliances ... 251	in advance ... 63	in progress ... 123
How can I help you? ... 216	in all respects ... 166	in public ... 65
How come ~? ... 217	in any case ... 119	in question ... 123
How do you like ~? ... 217	in appearance ... 166	in recognition of ... 167
How have you been? ... 217	in arrears ... 166	in response to ... 123
human resources ... 239	in between ... 119	in return (for) ... 65
hurry up ... 38	in brief ... 119	in search of ... 123
hybrid vehicle [car] ... 252	in bulk ... 119	in spite of ... 65
	in case of ... 63	in style ... 124
I	in charge of ... 64	in terms of ... 65
I can go with that. ... 217	in collusion with ... 166	in the event of ... 124
I got it. ... 218	in connection with ... 120	in the face of ... 168
I wish I could, but ~. ... 221	in contrast to ... 120	in the first place ... 168
I'd appreciate it if ~. ... 218	in detail ... 64	in the long run ... 66
I'd rather ~. ... 218	in dire need of ... 120	in the meantime ... 66
I'll be with you in a	in due course ... 166	in the middle of ... 66
moment. ... 218	in effect ... 120	in the rear of ... 66
I'll expect you ~. ... 218	in excess of ... 120	in the right ... 66
I'll miss you. ... 219	in fact ... 64	in time for ... 124
I'll take this. ... 219	in fashion ... 121	in triplicate ... 168
I'm afraid not. ... 219	in favor of ... 64	in turn ... 66
I'm also a stranger around	in force ... 167	in unison ... 168
here. ... 220	in full ... 121	in vain ... 168
I'm just browsing. ... 220	in full swing ... 167	

income statement (P/L) ·················· 240
infer from ～ that ... ········ 95
in-flight meal ·············· 247
in-house newsletter ····· 244
initial public offering (IPO) ·················· 245
ins and outs ················ 206
inside out ··················· 206
insist on ······················ 38
installment payment ···· 250
instead of ···················· 67
insurance premium ····· 246
intellectual property (IP) ·················· 243
interest rate ················ 246
interested parties ········ 243
international community ·················· 251
iron out ······················ 147
Is everything all right? ·················· 221
It depends. ················· 222
It doesn't matter to me. ·················· 222
It goes without saying that ～. ··················· 222
It looks like ～. ············· 222
item description ·········· 242
It's not my day. ············ 222

J

jet lag ························ 247
job interview ··············· 238
job opening ················ 238
jump on the bandwagon ·················· 186
jump to conclusions ······ 95
just around the corner ·· 124

just in case ················ 124
Just leave it to me. ······· 223
Just the opposite. ········ 223
juvenile delinquency ···· 252

K

keep ～ from doing ········ 95
keep ～ in mind ············· 38
keep ～ on one's toes ··· 187
keep ～ posted ············ 148
keep abreast of ··········· 147
keep house ················ 187
keep in contact with ······ 96
keep on doing ·············· 96
keep one's fingers crossed ··················· 187
keep one's word ··········· 96
keep the books ············ 148
keep track of ················ 96
keep up with ················ 38
key points ··················· 244
keynote speaker ·········· 249
kick off ························ 96
kind of ························· 67

L

labor costs ·················· 240
labor union ·················· 240
laid back ····················· 169
landslide victory ·········· 252
larger than life ············· 206
last straw ··················· 206
later on ······················ 124
law and order ·············· 252
lawn mower ················ 251
lay aside ····················· 187
lay off ························· 38
lead time ···················· 241
leading indicator ·········· 249

lean against ·················· 38
leave for ······················ 39
leave of absence ·········· 239
leave out ···················· 187
lending institution ········ 246
let A know B ················· 39
let alone ····················· 125
let down ····················· 148
let go of ······················ 188
Let me see ～ ··············· 223
let up ························· 148
Let's get down to business. ·················· 223
Let's get it done now. ··· 224
Let's get started with ～. ·················· 224
Let's proceed to ～. ······· 224
Let's say ～. ················· 224
Let's take five. ············· 224
level off ······················ 148
level playing field ········· 249
lie around ··················· 188
light at the end of the tunnel ······················ 207
limited offer ················ 250
lion's share ················· 207
live up to ···················· 148
local specialty ············· 249
lock up ······················· 149
long for ························ 96
long shot ···················· 207
look after ····················· 39
look down on ················ 97
look forward to ·············· 39
look into ······················ 97
look like ······················· 40
look out for ··················· 97
look over ····················· 97
look to ························ 97

look up ... 40	meeting agenda ... 244	No matter how ~. ... 225
look up to ... 97	membership dues ... 252	no sooner ~ than 126
Looks good on you. ... 225	memo pads ... 244	no time to lose ... 208
lose one's temper ... 149	merge with ... 150	no vacancy ... 248
lose sight of ... 98	merger and acquisition	No wonder ~. ... 226
lose one's shirt ... 188	(M & A) ... 245	No-passing zone ... 253
lost and found ... 247	microwave oven ... 251	not altogether ... 169
	minutes of meeting ... 244	not always ... 68
M	miss the boat ... 188	not only ~ but (also) ...
major in ... 40	mission statement ... 238	... 68
make a difference ... 98	mix up ... 150	Not really. ... 226
make a killing ... 188	money order ... 246	not to mention ... 126
make a living ... 40	moral hazard ... 245	nothing but ... 126
make a point of doing ... 149	more often than not ... 125	Nothing special. ... 226
make a toast ... 98	more or less ... 67	nothing ventured, nothing
make efforts ... 40	mortgage loan ... 246	gained ... 208
make ends meet ... 98	move forward ... 99	notify A of B ... 42
make fun of ... 98	move into ... 99	now that ... 68
make it ... 41	move on ... 100	null and void ... 169
make out ... 41	move over ... 100	
make sense ... 41	multinational corporation	**O**
make sure ... 41	... 238	occur to ... 100
make the most of ... 149	mutual fund ... 245	odds and ends ... 208
make up ... 99	my hands are full ... 169	off the mark ... 126
make up for ... 41		office supplies ... 244
make up one's mind ... 42	**N**	on account of ... 170
manage to do ... 42	needless to say ... 125	on behalf of ... 68
mark down ... 99	neither A nor [or] B ... 67	on display ... 69
market share ... 241	net income ... 240	on duty ... 69
marketing strategy ... 241	never fail to ... 100	on earth ... 69
master's degree ... 238	new line (of ~) ... 169	on good terms ... 170
maternity leave ... 239	next to ... 67	on hand ... 126
maturity date ... 246	niche market ... 241	on hold ... 127
may as well do ... 42	night owl ... 207	on purpose ... 69
May I help you? ... 225	No flash photography ... 253	on second thought ... 127
May I speak to ~? ... 225	no further than ... 125	on the block ... 208
may well do ... 42	no later than ... 125	on the brink of ... 208
meet the deadline ... 99	No littering ... 253	on the contrary ... 69
meet the needs of ... 149	no longer ... 68	on the dot ... 208

on the grounds that ····· 127	overhead projector (OHP)	Please feel free to ~. ···· 226
on the loose ················ 209	································ 244	Please forgive me for ~.
on the premises ·········· 170	overtime pay ·············· 239	································ 226
on the same page ········ 209	owe A to B ···················· 43	Please help yourself. ····· 227
on the sidelines ············ 170		Please make yourself
on the spot ··················· 170	**P**	comfortable. ·············· 227
on the verge of ············ 209	packed like sardines ····· 210	Please note that ~. ······· 227
on the way out ············· 209	paid vacation [leave] ···· 239	plenty of ······················· 71
on top of ····················· 127	paper jam ···················· 245	plug in ························· 151
once and for all ··········· 127	Paper or plastic? ·········· 226	plumbing system ········ 247
once in a while ············ 128	parallel to ···················· 172	point out ······················ 44
one after another ··········· 70	parking lot ··················· 248	point the finger ··········· 190
one another ··················· 70	part with ····················· 150	pop-up ad ···················· 241
One way ······················ 253	participate in ················· 43	pore over ····················· 190
on-the-job training ······· 239	pass away ··················· 100	prefer A to B ·················· 44
open house ················· 246	pass out ······················ 150	preside over ················ 100
opening remarks ·········· 244	pass up ······················· 189	press conference ········· 241
operating expenses ····· 240	pave the way for ·········· 150	prevent ~ from ... ··········· 44
or so ··························· 128	pay attention to ············· 43	primary duties ············· 239
or something ··············· 128	pay off ·························· 43	prime time ··················· 251
order form ··················· 242	pedestrian crossing ····· 248	prior experience ··········· 239
order from ···················· 43	per capita ···················· 249	prior to ························· 71
organization chart ········ 238	performance evaluation	probation period ········· 239
out and about ············· 209	································ 239	produce section ·········· 250
out of control ·············· 128	personal belongings ····· 247	product line ················· 242
out of courtesy ············ 170	pet peeve ···················· 210	profit margin ··············· 241
out of hand ·················· 171	petty cash ··················· 240	pros and cons ············· 244
out of order ···················· 70	phase out ···················· 151	prove to be ···················· 45
out of place ················· 171	photo identification ····· 238	provide A with B ············ 45
out of pocket ··············· 210	pick up ························· 44	public transportation ··· 248
out of service ·············· 128	pick up the tab ············ 189	pull down ···················· 151
out of stock ··················· 70	piece of cake ··············· 172	pull off ························ 151
out of the blue ············· 171	pile up ························ 151	pull out ······················· 101
out of the question ······ 128	pin down ····················· 189	pull over ······················ 101
over and over again ····· 129	pitch in ························ 189	pull someone's leg ······· 190
over the counter ··········· 171	plan B ·························· 210	pull strings ·················· 190
over the top ················· 210	play ~ by ear ··············· 189	pull through ················· 101
over there ······················ 70	play a part in ················· 44	pull together ················ 190
overhead costs ············ 240	play hardball ················ 189	purchase order (PO) ····· 242

267

put [leave] ~ on the shelf 191
put A through to B 191
put all your eggs in one basket 190
put aside 152
put away 152
put forth 191
put in for 191
put off 45
put on 45
put out 191
put together 152
put up with 45
put your best foot forward 191

Q
quick fix 172
quiet before the storm 172
quite a few 129
quite a while 129

R
rain on someone's parade 192
raise eyebrows 152
range from A to B 101
rather than 71
raw material 241
read between the lines 152
real estate 246
reception desk 244
recover from 46
refer to 46
reference letter 238
refrain from 46
regardless of 71
registration form 252
remind ~ of 46
remote control 251
report to 46
research and development (R & D) 241
reside in 152
resort to 153
result in 47
retail outlet 242
retail price 242
retirement plan 239
right away 71
ring a bell 192
rob A of B 101
rock the boat 192
room charge 248
round off 153
round trip 248
rule of thumb 172
rule out 192
rules and regulations 252
ruling party 252
run across 102
run errands 102
run for 153
run into 153
run out of 153
run short of 102
run the risk of 154
run through 192
rush to 154

S
safe and sound 129
sales agreement 243
sales pitch 242
sales representative 242
sales territory 243
Same here. 227
savings account 246
scale down 154
scores of 129
second hand 71
second to none 172
see ~ off 47
see if 102
see to (it that) 102
sell like hotcakes 192
sell out 102
selling points 242
service years 240
set about 103
set aside 103
set back 154
set forth 154
set off 103
set up 47
settle down 103
severance pay [package] 239
Shall I have him [her] call you back? 228
show one's hand 193
show someone the ropes 193
show up 103
shut down 104
shuttle bus 248
sick leave 239
side by side 72
side effect 252
side with 104
sign up for 47
Simply put, ~. 228
sink or swim 210
sit on the fence 193

sleep on ... 193	stop over ... 155	tax breaks ... 246
slim chance ... 211	store clerk ... 242	tax return ... 246
small change ... 246	store credit ... 243	tear down ... 156
So do I. ... 228	such a ~ that 72	teem with ... 195
so far ... 72	such as ... 73	telephone directory ... 251
So far, so good. ... 228	suffer from ... 48	tell ~ apart ... 156
So much for ~. ... 228	suit oneself ... 194	tentative agreement ... 243
so that ... 72	sum up ... 105	termination clause ... 243
so to speak ... 130	supporting information ... 244	terms and conditions ... 243
social responsibility ... 238		Thank you for having me. ... 229
solar cell ... 252	**T**	thanks to ... 73
Something is wrong with ~. ... 229	take ~ for granted ... 106	that is to say ... 230
something of ... 130	take ~ into account ... 49	That would be fine. ... 230
sooner or later ... 72	take ~ seriously ... 107	That's a relief. ... 230
sort out ... 154	take a back seat ... 194	That's news to me. ... 230
Sounds good to me. ... 229	take a break ... 48	That's too bad. ... 231
spare time ... 251	take advantage of ... 48	That's why ~. ... 231
speak up ... 104	take after ... 106	the other day ... 73
speak well of ... 104	take away from ... 194	The sooner the better. ... 231
special report ... 251	take care of ... 49	
specialize in ... 104	take charge of ... 49	Things could be worse. ... 231
split the bill ... 104	take effect ... 106	
stand by ... 105	take note of ... 155	think twice ... 107
stand for ... 48	take notice of ... 106	third parties ... 243
stand out ... 105	take off ... 49	This is on me. ... 232
start over ... 155	take on ... 155	throw a party ... 107
start-up company ... 238	take over ... 49	throw away ... 107
stay tuned ... 48	take pains ... 106	throw cold water on ... 195
steering wheel ... 248	take part in ... 106	tide ~ over ... 195
step down ... 155	take place ... 50	tight spot ... 173
step in ... 155	take pride in ... 156	time and a half ... 173
step up ... 193	take sides with ... 107	tip over ... 195
stick to ... 105	take steps ... 156	tipping point ... 211
stick up for ... 194	take the place of ... 194	to begin with ... 73
sticking point ... 211	take up ... 156	to date ... 130
stimulus package ... 249	Take your pick. ... 229	to make matters worse ... 130
stock option ... 239	tamper with ... 194	
stop by ... 105	taper off ... 156	to some extent ... 74

269

to tell the truth ... 130	under review ... 131	We regret to inform you
to the point ... 74	under the weather ... 131	that ~. ... 232
toll gate ... 248	under way ... 74	wear down ... 196
toll-free number ... 243	unemployment rate ... 250	wear out ... 157
touch base with ... 195	unit price ... 242	weather forecast ... 251
tourist spot ... 247	up against ... 132	weed out ... 196
track record ... 239	up and running ... 173	welcome party ... 249
trade show ... 241	up front ... 173	wet behind the ears ... 212
traffic accident ... 249	up in the air ... 132	Wet floor ... 253
traffic congestion ... 248	up to ... 74	What a shame. ... 232
traffic signal ... 248	up to par ... 212	What can I do for you?
trash bin ... 252	up to speed ... 212	... 233
travel agency ... 247	upright position ... 247	What do you mean by
travel reimbursement ... 240	upside down ... 132	that? ... 233
trip on ... 195	use up ... 50	What do you say ~? ... 233
try on ... 50	used to do ... 51	What if ~? ... 233
tuition fees ... 252		What's going on? ... 233
turn A into B ... 157	**V**	What's up? ... 234
turn around ... 108	vacuum cleaner ... 251	When are you available?
turn down ... 50	vending machine ... 244	... 234
turn in ... 108	ventilation system ... 247	when it comes to ... 133
turn off ... 50	vice versa ... 173	Whichever you prefer.
turn out to be ... 108	vicious circle ... 174	... 234
turn over ... 157	visual aids ... 244	white lie ... 212
turn over a new leaf ... 157		Why don't we ~? ... 234
turn the clock back ... 196	**W**	wind up ... 109
turn the tables ... 196	wait on ... 157	wipe out ... 197
turn up ... 108	wake-up call ... 248	wire transfer ... 246
twist one's arm ... 196	walk out ... 196	wish list ... 250
	walking papers ... 212	with honors ... 174
U	wanted ad ... 238	With pleasure. ... 234
unanimous vote ... 244	washing machine ... 251	with reference to ... 133
under any circumstances	watch for ... 108	with regard to ... 74
... 211	watch out for ... 51	with the exception of ... 174
under consideration ... 131	way too ... 132	withdrawal slip ... 246
under control ... 131	We apologize for the	withholding tax ... 246
under fire ... 211	inconvenience. ... 232	without fail ... 133
under one's nose ... 211	We appreciate your	without notice ... 133
under repair ... 131	patronage. ... 232	wonder if ... 51

word for word ... 174
word of mouth ... 174
work on ... 51
work one's way up ... 197
work out to ... 157
worry about ... 51
Would you mind doing
   ~? ... 235
wrap up ... 109
write down ... 51
write off ... 158

Y

yield to ... 158
You are kidding. ... 235
You are telling me. ... 235
You bet. ... 235
You have the wrong
   number. ... 236
You might like to ~. ... 236
You shouldn't miss it. ... 236

Z

zero in on ... 158

●著者紹介

成重 寿 Hisashi Narishige
三重県出身。英語教育出版社、海外勤務の経験を生かして、TOEICを中心に幅広く執筆・編集活動を行っている。著書は『TOEIC TEST英単語スピードマスター』、『新TOEIC TEST総合スピードマスター 入門編』共著、『新TOEIC TESTリーディング スピードマスター』、『新TOEIC TESTリーディング問題集』、『TOEIC TESTビジネス英単語Lite』、『ゼロからスタート英単語』共著（以上、Jリサーチ出版）など。

Vicki Glass ビッキー・グラス
アメリカ・カルフォルニア州バークレー出身。ライター・編集者・ナレーターとして多彩に活動している。東進ハイスクールのチーフ・イングリッシュエディターを務めるほか、CD、DVD、ラジオ・テレビ番組のナレーションを行う。著書に『新TOEIC TESTリスニング問題集』、『新TOEIC TEST総合スピードマスター 入門編』共著、『新TOEIC TESTスピードマスター完全模試』（以上、Jリサーチ出版）など。

カバーデザイン	滝デザイン事務所
本文デザイン＋DTP	江口うり子（アレピエ）
本文校正	深瀬正子

TOEIC® TEST 英熟語スピードマスター

平成21年（2009年）9月10日発売　初版第1刷発行
平成25年（2013年）4月10日　　　　第5刷発行

著　者	成重 寿／Vicki Glass
発行人	福田富与
発行所	有限会社　Jリサーチ出版
	〒166-0002 東京都杉並区高円寺北2-29-14-705
	電話 03(6808)8801(代) FAX 03(5364)5310
	編集部 03(6808)8806
	http://www.jresearch.co.jp
印刷所	㈱シナノ パブリッシング プレス

ISBN978-4-901429-95-5　禁無断転載。なお、乱丁・落丁はお取り替えいたします。